Uhud'un Gölgesinde | M. SAİD HATİPOĞLU

ÖZGE

Özge Yayıncılık: 10
ISBN: 978-605-87493-2-0

Uhud'un Gölgesinde

Yayın Koordinatörü: İsmail Yavuz

Tasarım: Murat Acar

Baskı ve Cilt: Yazmat Matbaacılık
Davutpaşa Kışla Cd. Kale İş Merkezi B Blok
No:37/44 Zeytinburnu, İstanbul
www.yazmat.com / 0212 483 22 77

© M. Said Hatipoğlu 2014.
Bu kitabın yayım hakları saklıdır.
Yayıncıdan izin alınmadan kısmen
veya tamamen yeniden yayınlanamaz.

2. Baskı:
İstanbul, Kasım 2014

Altunizade Mah. Kuşbakışı Cd.
Aşuroğlu Sitesi No: 29, C Blok, D.4
Tel: 0216 318 29 29

ÖZGE

Uhud'un Gölgesinde

M. SAİD HATİPOĞLU

ÖZGE

İÇİNDEKİLER

Kitaba Başlarken 9
Önsöz 13

Uhud'a Hazırlık 17
Hüzünlendiren Rüya 19
Münafıkların Ortaya Çıkışı 20
Yırtıcı Kuşlar Üzerimize Gelse Bile 24
Bu Kılıcın Hakkını Kim Verecek? 25
Birkaç Manevra 28
Allah Babanla Perdesiz Konuştu 28
Kınına Sığmayan Kılıç... Hamza(ra) 30
Mekke Özlüyordu Gelecek Peygamberi 31
Sen O'nu(sav) Yalnız mı Zannettin? 33
Bedir'den Bir Hatıra 38
Uhud'un Kahramanını Anlatıyor 40
Hamza Gelemez Artık 43
Hz. Vahşi Üzerine İnen Ayetler 46
Kulağımı ve Burnumu Kesseler 49

Sona Ermeyen Kokular 53
Yiğit Kadın Ümmü Umare 53
Kim Katade Bin Numan Gibi Olabilir? 55

Kurbanın Olayım Miğferinizi Bana Verin 56
Topal Ayağına Rağmen 57
Yanağı Resulullah'ın Mübarek Ayaklarındayken 58
Muharebelerin Kahramanı: Hz Ali(ra) 59
Güzelliği Yusuf(as) Kadar Güzeldi 60
Ya Resulallah! Oğlumu Çok Özlüyorum 61
Resulullah'ın Fedaisi 63
Zor Zamanların Adamı 65
Allah Resulü Onu Çok Seviyordu 66
Meleklerin Bile Mateme Büründüğü An 68
Hz. Ömer Zırhını Dahi Çıkardı 71
Ey Muhammed'in(sav) Ashabı Kalkın Ayağa! 72
Mekke'nin Yakışıklı Delikanlısı 74
Sen Hayattasın Ya… 77
Eğer O'na(sav) Birşey Olursa 78
Bir Hatıra 81
Melekler Onu Yıkıyordu 82
Uhud Harbi Biterken 84
Hz. Peygamber(sav) Uhud'dan Şu Dualarla Ayrıldı 85
Uhud Harbinden Tam 46 Yıl Sonra 86
Uhud Onun Aşkına Cezbeye Kapıldı 86
Âlimlerin Serdarı Sahabeyi Anlatıyor 87

Kur'an-ı Kerim'de Uhud 91

Giriş 91
Uhud'la İlgili İnen Ayetler 94
Yeryüzünü Gezin de İbret Alın 94
Sabredenlerin Yüreği Bembeyazdır 95
Resulullah(sav) Vefat Ederse Sözünüzden mi Döneceksiniz? 98
Allah Yolunda Savaşan Âlimleri Unutmayın 101
Kâfirlere Hiçbir Zaman Boyun Eğmeyin 102
Kâinatın Sahibi Kim? 103
Aralarında Çekişmeye Başladılar 107
Peygamber Savaşta Korkup Kaçmaz 108
Allah Müslümanlara Rahmet Rüzgarı Gönderdi 109

Şeytan Dünyayı Süslü Gösteriyordu 112
Hayatı da Ölümü de Veren Allah'tır 112
Mutlaka Allah'a Hesap Vermeye Geleceksiniz 113
Ey Muhammed(sav)! Kim Senin Gibi Olabilir? 114
Allah'ın Yardımı Olmadan Zafer Olmaz 128
Ganimete Hainlik Edilmez 129
Allah'ın Katında Dereceler Vardır 130
Sünnetin Hüccet(Delil) Oluşu 131
İlahi Yardıma Mani Olan Nefsinizdi 141
Münafıklar Rahmetten Uzaktırlar 141
Mücahid Olan Şehitlerin Makamı Çok Büyüktür 142
Şehitlere Verilen Lütuf 143
Hamraü'l Esed'e Allah İçin Yürüyenler 144
Küfürde Yarışanların Durumuna Üzülme 146
Allah Münafıkları Rezil ve Hüsran Eder 147

Al-İ İmran Suresi 137. Ayeti Üzerine 151
Helak Olan Ad Kavmi Örneği 152
Helak Olan Lut Kavmi Örneği 159

Başlıca İstifade Edilen Eserler 168

KİTABA BAŞLARKEN

Yüce Allah'ın zatını ve azametini anlamakta aciziyetimizi itiraf eder: İnsanlığın Medar-i iftiharı Hz. Muhammed[sav] Efendimize bizi ümmet kılmasından ötürü Yüce Allaha sonsuz Hamd ederim. Ve... Öncekilerin ve sonrakilerin ebedi imamı Hz. Peygamber'e sonsuz Salât ve Selam ederim...

Elinizdeki bu mütevazı çalışmayı 2013 yılının ağustos ayının son günlerine doğru kaleme almaya başladım. O vakitler hayatımda çok önemli bir yer teşkil eden dua sığınağımı babaannemi kaybetmiştim. Gecelerim düşünceli ve hüzünlü geçiyordu. Bir inşirah bulabilmek için hüzün peygamberinin[sav], en hüzünlü anlarına misafir olmak istedim. Hüzün peygamberinin zor zamanlarındaki o muhteşem dirayeti ile gecelerim huzur bulmaya başladı. Hüznümü Hz. Peygamber'in[sav] eşsiz merhametine arz ediyor sükûnet buluyordum. Daha önceki zamanlar İslam tarihi üzerine bir mülahaza yazmayı murat etmiştim lakin şartlar müsaade etmemişti.

Dua sığınağım babaannem hacı Muzaffer Hanımın vefatı üzerine yüreğim İslam tarihinin şerefli levhalarında gezmek istedi. Yıllar önce istifade ettiğim kitapları sanki hiç okumamış bir duygu ahengi içinde okuyordum. Okurken kitapların bitmemesini arzu ederek okuyordum. Kitabın sonuna geldiğim an elime başka bir eser alıyor okumaya öylece devam ediyordum. Beni rahatlatacak sözleri satırların içinde arıyordum. O günler... O zor günlerimde yüreğimi kucaklayan hep hadis ve tefsir kitapları oldu. Hz. Peygamber'e[sav] ait hatıraları okudukça gönlümde bir serinlik hissediyordum. İç âlemimde ruh iklimimde biriken hüznüm okuduğum satırlarda sükûnet buluyordu. Babaannem bana hep nasihat ederken: "Allah Resulü ve ashabından her zaman bereket arayasın" derdi. Bu sözü sinelerime yerleşmişti. Bende derin izler bırakmıştı. Ben de en daraldığım vakitlerde o büyük insanlara sığındığım gibi, bu kitabı yazarken de onlara sığındım. Onların ruhaniyetlerinden ve makamlarından bereket aradım. Bu elinizdeki kitaba onların bereketi ile başladım ve kitap nihayetine yüce Allah'ın lütfu ile erdi.

Yüce Rabbimden bu mütevazı çalışmayı mahşer günü bize bir nimet olarak döndürmesini niyaz ederim.

M. Said Hatipoğlu
25 Mart 2014 – Ankara

1995 yılında Medine-i Münevvere'de on bini aşkın Sahabe-i Kiramın medfun bulunduğu Cennetü'l Baki Mezarlığına Hz. Osman Efendimizin ayakucuna defnedilen, Hz. Resulullah'ın Muhibbi aşığı, Hadis kitapları arasında bir inci olan Sünen-i İbn Mace'yi tercüme ve şerh eden büyük İslam âlimi dedem Merhum Haydar Hatipoğlu Hoca Efendi'ye ve zevcesi Hacı Muzaffer Hanım'ın aziz ruhuna sonsuz rahmet dilerim...

ÖNSÖZ

Hırs ve hased. İşte bu iki kelime. Ne ederse bu iki kelime insanı hüsrana sürükler. Hırsı yaratan yüce Allah'tır. Hırsın bir manada zıttı olan hilmi de yaratan Yüce Allah'tır. Bu iki duyguyu yaratıp kulunu istediği duygunun peşinde yürümede muhayyer bırakan da Yüce Allah'tır. Yaratmanın da bir sırrı, bir esrarı vardır. Semadan yeryüzüne kadar yaratılmış ne varsa her biri bir imtihan tezahürüdür. Elbette gören bir göz için. Elbette imtihandır bu kâinat diyebilen bir göz için.

Kâinata ibret nazarıyla bakabilenin nihayeti de (sonunda) elbette nezih olur. Anlayabilmek, ibret almak isteyen için dünya ve dünya nizamı büyük derstir.

Güneş ben bugün doğmayacağım diyebilme hakkına sahip mi? İtiraz edebiliyor mu? Asırlardır kâinatı ısıttığı gibi kıyamete kadar hep aynı yörüngede dünyayı ısıtmaya ve aydınlatmaya devam edecek.

Bir güç ve kudretin müdahalesi olmasa güneşin aynı yörüngede dönmesi mümkün mü? İşte anlatmak istediğim tam olarak bu noktadan başlıyor.

Kul ibret nazarıyla bakacak ve diyecek ki; "Bu olağanüstü olaylar ancak Yüce Allah'ın tasarrufundadır. Her şeyi sevk ve idare eden ancak O' dur. Böyle azim ve kudret sahibi olan rahman bunları yaratırken elbette imtihan vesilesi ile yarattı. Ve bizi başıboş bırakmadı."

O'nun yarattığı fevkalade varlıkları müşahede etmekte zorlanmıyor muyuz? Bin bir çeşit çiçekler, gökyüzündeki yıldızlar... Örnekler çoğaltılabilir.

O öyle bir kudret ki, Azametini düşünüp ibret alıp ve ona boyun eğmemiz için insanın avucunda toplamıştır. Milyonlarca insan var yeryüzünde. Ama hiçbir insanın avucundaki parmak izi bir ötekiyle eşleşmez. İzler farklı. Biçimi farklı. Bunlar tefekkür etmek isteyen için Allah'ın kudretini göstermez mi?

Yüce Allah Hz. Âdem'i anasız ve babasız yarattı. Hz. Havva'yı da Hz. Âdem'in vücudundan yarattı. Demek ki o, insanı annesiz ve babasız yaratabiliyormuş. Demek ki o, yarattığının vücudundan bir başkasını annesiz ve babasız yaratabilirmiş.

Yüce Allah, kudretinin mutlaklığını: sınır ve şartlara tabi olmadığını ispat etmeyi diledi. Bu nedenle yaratma konusundaki olağan üstü bir hadiseyi cereyan ettirdi ki, oda erkeğe ihtiyaç duymadan bir kadından çocuk doğurtması oldu. Hz. İsa'yı babasız bir şekilde Hz. Meryem'den yarattı.

Demek ki onun kudretini sınırlayacak hiçbir güç yokmuş. Demek ki yaratma safhalarını istediği yönde gerçekleştirebiliyormuş. Ve azametinin sonu yok. İşte kul burada aciz kalıyor. Anlayamıyor, zorlanıyor. Ne kadar düşünse de içinden çıkamıyor. Çünkü kulu yaratan Allah, Onu yaratırken müşahade edebileceği gücü kısıtlı yarattı. Yüce Allah'ın varlığını hissedebilecek ama onun zatını kafa gözüyle göremeyecek bir vukufiyette yarattı. Bunları yaparken de kuluna, kendisinin zatına yaklaşması için vesileler yarattı.

Çünkü kulun yaratılma sebebi Yüce Allah'ın varlığını, kudretini tanıma ve ona boyun eğmedir. Bu safhayı sizlere İbn Acibe el-Haseni'nin Bahrü'l Medid tefsirinden bir örnekle açıklayayım.

Allah Teâlâ'nın "Ben yeryüzünde bir halife yaratacağım." (Bakara 2/30) ayetindeki halifeden maksat Hz. Adem ve ondan sonra gelen bütün peygamberlerdir.

Yüce Allah onları yeryüzünü mamur etmek, insanların hayatını düzene sokmak, onların nefislerini olgunlaştırmak ve ilahi emiri uygulamak için halife seçmiştir.

Aslında Cenab-ı Hakk'ın halifeye de ihtiyacı yoktur. Bunun sebebi, kendilerine halife gönderilen insanların ilahi feyzi alamadıkları kusurları ve bir vasıta olmadan ilahi emirleri alamayışlarıdır. Vasıta gerekiyor. Bu vasıta peygamberlerdir. Bunun örneği vücudumuzda da mevcuttur. Şöyle ki; aralarındaki farklı yapıdan dolayı kemik etten gıda alamadığı için, her ikisinin haline uygun bir kıvamda 'kıkırdak' dokusunu yaratmıştır. Kıkırdak gıdayı etten alır kemiğe verir. Allah'ın halifelerinin yaptığı da budur. Allah'tan aldıkları nuru ve feyzi insanlara aktarırlar.

Tasavvuf sahasının sultanı İmam Rabbani[ks] mektubatında şöyle der:

"Peygamberlik makamı aklın ve düşüncelerin üstündedir. Aklın eremeyeceği, anlayamayacağı çok şey vardır ki, bunlar peygamberlik makamında anlaşılır. Her şey akılla anlaşılabilseydi, peygamberler gönderilmezdi."

Özetle, aracılar gelir Allah'ın kudretinin büyüklüğünü anlatırlar. Yüce Allah sizleri neden yarattı, ölümden sonra nereye gideceksiniz bunları bilin ve hayatınıza çeki düzen verin derler. Dünyanın sadece hakiki hayata ahiret hayatına bir basamak olduğunu anlatmaya gelirler.

Aracılar temiz ve nezih yolda yürümemizi öğretmek için gelirler. Takva ve ihlas üzerine bir hayat yaşamamız gerektiğini öğretirler. İşte insanın yaratılmasının sebebi budur. Peygamberlerin insanlığa rehber kılınmasının sebebi de budur. O halde sözümüzün en başına tekrar dönelim.

Şimdi hased ve hırsına yenik düşen bir toplumun Bedir'den Uhud'a gelip nasıl hezimete uğradığına hep beraber tanık olacağız. Onların dönemine gitmeden önce Yüce Allah'ın kudretini anlatmak istedim ki, önceki toplumların düştüğü hataya düşmeyelim. Allah-u Teâlâ'nın azametinin farkında olalım. Aciz bir kul olduğumuzun farkında olalım. Allah dilemedikçe bizim dileyemeyeceğimizi bilelim. Düne kadar bir şey olmadığımızı bugün bir şey olduğumuzu yarın da bir hiç olacağımızı unutmayalım. İbret alalım. Eskilerin hayatından öylesine ders alalım ki, hased ve hırsın insanoğlunu peygamberle kılıç kılıca getirebileceğini bilelim. Nefsin her zaman kötülüğü emredici olduğunu unutmayalım.

İçimizdeki azgınlaşmış nefsi susturalım. Onu takva suyuyla söndürelim. Ve edep kıyafetleriyle giydirelim. Bir toplum anlatacağız ki, Allah'a harp ilan ediyor, O'nun kudretine boyun eğmiyor ve akıbeti sonrakilere ibret oluyor.

Bir toplum anlatacağız ki, Allah'ın yeryüzüne tecelli ettiği en büyük hadise olan Hz. Muhammed[sav] uğruna canlarından ve nefislerinden vazgeçiyordu. Aynı asırda yaşayan iki zıt kutup. Bir tarafta kalpleri ile Allah'a secde edenler. Bir tarafta da kalpleri ile Allah'a isyan edenler. Şimdi biz onları tanıyacağız. Onları kavrayacağız. Anlayacağız ki Allah'ın ipine sımsıkı sarılalım. Anlayacağız ki sırat-ı müstakim üzerinde en doğru yolda yürüyelim.

Uhud'a Hazırlık

Mekke'li müşrikler Bedir harbini kaybetmişlerdi. Bunu hazmedemiyorlardı. Gözleri önünde cereyan eden mucizelere rağmen, Allah'a boyun eğip sevgili Peygamberimiz Hz. Muhammed'e[sav] tabii olmayı iç âlemlerine sindiremiyorlardı.

Öyle ki, Bedir savaşında gözleriyle semadan inen meleklerin varlıklarına şahit olmuşlardı. Hz. Resulullah'ın Yüce Allah tarafından muhafaza edildiğinden hiçbir şüpheleri yoktu. Onun risaletle görevlendirilmiş bir peygamber olduğunu biliyorlar fakat düştükleri durum onların garezlerini arttırıyordu. Kendilerince alay ediyorlar ve şöyle diyorlardı: "Hele Muhammed'e bak hele, düne kadar biz onu Mekke'den sürgün etmiştik şimdi bize meydan okuyor" şeklinde hezeyanlar savuruyorlardı. Kin ve nefretleri hakikati görmelerine engel oluyordu.

Mekke lideri Ebu Süfyan başta olmak üzere Safvan bin Ümeyye gibi güçlü tacirler Uhud'a çıkmanın planını devreye koyarlar. Bu hep böyledir. Sermaye babaları, sermayeyi yitirmemek için kendilerine kurban seçerler. Etraflarındaki gençleri hizaya çekerler. Düşüncelerini esir alırlar. Etkilerler. Büyük vaatlerde bulunurlar.

Safvan bin Ümeyye o gün için müşrikti. Daha sonraları tepeden tırnağa imanla dolacaktı.

Her şey hazırdı. Bedir yenilgisini hazmedemeyen müşrikler toparlanıyorlardı. 3000 kişilik çok güçlü teçhizatlı bir ordu kuruluyordu. Peygambere karşı hazırlanmış bir ordu. Kendilerini rahmete davet eden Zat'a kılıçla karşılık vereceklerdi. 700 zırhlı, 200 atlı bir ordu. Yanlarında hazır bulunan 3000 adet deve ile yola çıkmışlardı.

Ordu içindeki kadınlar defler çalıyor, şiirler okuyup cesaret vermeye çalışıyordu.

Bu yürüyüş böylece devam edecekti Uhud'a kadar. Ordu içinde fısıldaşmalar oluyordu. Müşrikler birbirlerine sürekli: "Bedir'de Hamza'nın bize yaptığını unutmayın. Bedir'de bizim canımıza Hamza okudu. Ey Mekkeliler! Uhud'dan Hamza sağ çıkmayacak." diyorlardı. Ordu içinde Müslümanlara karşı kin ve nefret adına ne varsa söyleniyordu. Hararet ve hırslarını zirveye çıkarıyorlardı.

Müşriklerin Medine'ye doğru geldiği haberi Hz. Resulullah'a haber verilecekti. Hz. Peygamber(sav) sahabesini mescitte toplayıp istişare edecek. Her bir sahabi görüşlerini bildirecek.

Ensarın ileri gelenlerinden Hz. Sa'd bin Muaz şöyle buyuracak; "Babam anam sana feda olsun. Biz bu işte tecrübeliyiz. Biz Medine dışına çıktığımızda sıkıntı yaşadık. Medine'de karşılamamız daha uygundur."

Hz. Sa'd bin Muaz'ın görüşü Peygamber Efendimizin görüşüne denk düşüyordu. Çünkü Hz. Resulullah(sav) Medine müdafaası yapmak istiyordu.

Ama sahabe içinde Hz. Hamza gibi kınına sığmayan kılıçlar vardı. Bedir'e katılamamış sahabeler vardı. Onlar da şunu dile getirecekler; "Bu küçük bir hadise değil. Onlar Medine'ye kadar yürümüşlerse biz onları karşılayacağız" böyle diyorlardı. Biz korkaklar gibi evimizde beklemeyiz. Buraya kadar geliyorlarsa bedelini ödeyecekler....

Sahabenin çoğunluğu ileri atılacak, müşriklerin yaptığı bu hareketin ağır olduğunu ileri sürüp Medine'nin dışına çıkmakta ısrar edecekler. O ne bahtiyar bir hareket. Rahmette adeta yarışmayı istiyorlardı. Hz. Resulullah sükûnetten tedbirden yanaydı. Acele karar vermek istemiyordu. Bir harp olacaksa önlemin alınmasını istiyordu. Fakat sahabenin ısrarı üzerine Efendimiz[sav] bu görüşü kabul edecek. Medine'den çıkmak zorunda kalacaktı.

HÜZÜNLENDİREN RÜYA

Hz. Peygamber[sav] bir gece şöyle bir rüya görecek. Yanında bir takım sığırların boğazlandığını, Zülfikar isimdeki kılıcının kırılıp bir gedik açıldığını ve arkasına muhkem bir zırh giyip elini o zırhın yakasına sokarak muhafaza ettiğini gördü. Ve rüyasını şöyle izah etti: "Boğazlanan sığırlar sahabemden şehit olacak olanlara, kılıcımın kırılması ehli beytimden birinin şehit olmasına işarettir. Muhkem zırh da Medine'dir."

Sonra şöyle buyurdu; "Medine'den çıkmayalım. Onlar Medine'ye gelirlerse cihada çıkalım." Peygamberin isteği buydu. Müslümanlar için hayırlı olan da buydu. Çünkü münevver olan Medine'de olmaları güvende olmaları demekti. Medine'nin çevresi bina ve duvarlarla örülüydü.

Fakat Ashab-ı Kiram içinden Bedir'e katılmamış olanlar; "Biz bugünü bekliyorduk. Medine'de kalırsak bize korktu derler. Ki biz bu sözü söyletmeyiz" diyecekler

di. Bunun üzerine Hz. Peygamber zırhını giymek üzere evine teşrif edecekti.

Sahabe arasında bir dalgalanma olacak. Birbirlerine hayıflanacaklar. Hz. Peygamber kılıcını kuşanıp gelecek. Medine'den isteksiz bir şekilde yola çıktığı halinden belliydi.

Sahabe birbirine "Siz Allah Resulünü istemeyerek Medine'den çıkmaya mecbur ettiniz. Onun dediğini yapmalıydık" diyeceklerdi. Ve sahabe arasında pişmanlıklar olacak. Sevgililer sevgilisini üzmeye kıyamıyorlardı.

Hz. Peygamber'in zırhını giyinmiş bir şekilde geldiğini gören sahabe; "Ya Resulullah, biz senin emrine muhalefet etmeyiz. Biz hata ettik. Siz bildiğiniz gibi yapınız" dediler. Bunun üzerine Efendimiz(sav); "Bir peygamber kılıcını çektiğinde savaşmadan kılıcını kınına koyması ona yakışmaz" buyuracak. Ve devamında buyuracak ki; "Emrime itaat ediniz, zafer bizimdir inşallah."

MÜNAFIKLARIN ORTAYA ÇIKIŞI

Hz. Resulullah(sav) Uhud'a gidecek olan orduyu teftişe çıkmıştı. 1000 kişilik Müslüman ordusu toparlanmıştı. Gerçekten harbe çıkılacağı kesinleşince ordu içindeki münafık ruhlular kendilerini gösterdiler. Münafıklar çözülmeye başladı. Sözlerinden rücu edip ahde vefa göstermeyenler vardı. Bir takım kişilerin Kalplerindeki iman, adeta rüzgârın önünde sallanan yaprak gibi zorluklar karşısında korku ve endişe içinde sağa sola yalpa yapıyordu. Bir takım kişilerin imanlarında zafiyet vardı. Uhud bir manada kimin mümin kimin münafık olduğunu ispatlamaya kâfi gelecek bir hadiseydi.

Ordu içinde Allah ve Resulüne öylesine bağlı sadık sahabeler vardı ki, en sert kasırgaların sarsamadığı yalçın kayalar kadar dik duruyordu. Ve durdular da. Onlar sözlerinden hiç dönmediler. Peygambere karşı hep vefalı oldular. Başım Hz. Muhammed'in muzaffer yoluna feda olsun dediler ve arzu ettikleri o makamlara bir bir eriştiler.

Ordu içinde öyleleri vardı ki, yarı yolda bırakmaya sebep arayacaktı. Beyaz ve siyah ayrışıyordu. Temiz ve kirli olan kalpler Uhud'da ayrışıyordu.

Ordunun hareket edeceği sırada meşhur münafık Abdullah b. Übey 300 kişilik arkadaş kadrosu ile Müslümanların dirayetini sarsacaktı. Kalbindeki nifakı dışa vuracak ve 300 kişiyi ordunun gerisine çekecekti.

Sahabeden Hz. Ebu Cabir Sülemi onların yanına yanaşıp; "Allah'tan korkun. Siz O'na (Hz. Muhammed'e) söz vermemiş miydiniz?" diyecek. Diyecekse de şeytan bir kere tezgahı kurmuş. Vesveseyi ordu içindeki sadık olmayanların yüreğine nakış gibi işlemişti.

Sözlerinde sadık kalanları ve sözlerinden dönenleri Kuran-ı Hâkim Al-i İmran suresinde şöyle tasvir ediyor; "O zaman içinizden iki grup ayrılmaya niyet etmişti. Hâlbuki Allah onların yardımcısıydı. Müminler, yalnız Allah'a güvenip dayansınlar."

Ordu içinde sapmaların olmasının sahabenin azmini kırmaması gerektiğini devam eden ayeti kerimede Yüce Allah şöyle ifade edecek; "Gerçekten, siz güçsüz olduğunuz halde Allah, Bedir'de de size yardım etmişti. Öyleyse Allah'tan korkun ki O'na şükretmiş olasınız."

Bu ayeti kerimeler şunu ifade etmek istiyor: Bedir günü sizin binecek hayvanınız yoktu. Silahınız yoktu. Düşman sayısı sizden çok fazlaydı. Fakat sizler tam bir teslimiyette sebat ettiniz ve benden yardım dilediniz ve Bedir'den zafer ile ayrıldınız. Bunu ifade ediyor az önce mealini verdiğimiz ayeti kerimeler. Ve şunu da ifade ediyor ki: 'Sayınızın az olması sizi mahzun etmesin. Nice az ordular denizleri aşmış, tevhidi belde bel de yaymıştır.'

Birkaç cümle önce ismini terennüm ettiğimiz büyük sahabe Hz. Ebu Cabir meşhur münafık İbn Übey'e; "Geri dönün, Allah yolunda savaşın. Müslümanlarla bir arada durun. En azından sayımız çok görünsün" dediğinde o münafık şöyle cevap verecekti; "Savaş olacağını zannetmiyorum. Savaş olsaydı biz de gelirdik."

Münafıkların bu gülünç cevapları üzerine ayeti kerimeler şimşek gibi iniyordu. Kalplerin sahibi olan Yüce Allah onların asıl niyetini bütün çıplaklığıyla meydana seriyordu. Ali İmran suresinin 166-168. Ayeti kerimeleri münafıklara verilen cevaptır. Şöyle ki; "İki birliğin karşılaştığı gün sizin başınıza gelen musibet Allah'ın izniyle oldu. Bu, Allah'ın müminleri ayırt etmesi ve münafıkları ortaya çıkarması içindir. O münafıklara; 'Gelin, Allah yolunda çarpışın ya da savunma yapın' denildiği zaman onlar; 'Harp etmeyi bilseydik, elbette sizin peşinizden gelirdik' dediler. Onlar o gün, imandan çok inkâra yakındılar. Ağızlarıyla kalplerinde olmayan şeyleri söylüyorlardı. Allah, onların içlerinde gizlediklerini çok iyi bilmektedir.

(Evlerinde) oturup da Müslümanlar hakkında "Bize uysalardı öldürülmezlerdi" diyenlere, 'eğer sözünüzde doğru iseniz, kendinizi ölümden kurtarın bakalım' de.

AYETİ KERİMEYİ BERABER İNCELEYELİM

Yüce Allah buyuruyor ki: "Onlar o gün, imandan çok küfre yakındılar." Ayetin bu şekilde tanımlamasının sebebi, münafıkların sözlerinden küfür hali ortaya çıktığı içindir. Çünkü münafıkların olaylara karşı tutumları ve verdikleri cevaplar gösteriyor ki küfür alametleri iman alametlerinden daha çoktu. Şöyle de denebilir: Yardım etme yönünden müminlerden çok kâfirlere yakındılar.

Münafıkların arzu ettikleri nefsani istekleri kâfirlerin istekleri ile ortaktı. Bu hayat ölçüsünü alelade ortaya koyamıyorlardı. Koyamazlardı da kendilerinin karşısında Hz. Peygamber ve ashabı vardı. Bu yüzden Uhud onların küfür alametlerinin ortaya çıkmasına vesile oldu ki, düşündükleri gibi İslamiyet zayıflayıp kafirler güçlenseydi arzu ettikleri hayata erişeceklerdi.

Şeytan onlara bu düşünceyi kabullendiriyordu. Her ne kadar Hz. Peygamberin sözlerini dinlerken bir anlık etkileniyor olsalar bile, şeytana birazcık meylettiklerinde sevgili peygamberimizin yapmış olduğu bütün irşad onların yüreğinden kayboluyordu. Neden mi? Çünkü daima kulak duymak istediğini duyar. Misal olarak şunu söyleyebiliriz: Hz. Peygamber Ebu Cehil'ede nasihat veriyordu, Hz. Ebu Bekir Efendimize de nasihat veriyordu. Hz. Ebu Bekir efendimiz Allah Resulünün her sözü sonrasında 'İşittim ve itaat ettim' derdi. Ebu Cehil ise 'Senin sözlerin sihir' derdi. Aynı nasihati iki ayrı yürek duyuyordu. Biri imana doğru yürürken ötekisi ise küfre doğru yürüyordu. Neden mi? Şeytan Ebu Cehil'e galip geliyordu. Çünkü şeytana karşı meyli vardı. Hz. Ebu Bekir Efendimize şeytan yaklaşamıyordu. Çünkü o, kulağını ve yüreğini tamamen Hz. Peygambere açmıştı.

Demek ki peygamberi sadece dinlemek yetmiyor. Gönülden bağlı olmak gerekiyor. Teslim olmak gerekiyor. O[sav] her konuştuğunda sahabe-i kiram, sanki bir daha Hz. Peygamber konuşmayacak hassasiyeti ile sözlerini iç âlemlerinde sindiriyorlardı. Evet. Az önce yukarda söylediğimiz gibi münafıkların küfür alameti iman alametinden daha çoktu. Çünkü münafıkların İslam ordusundan ayrılmaları müşriklere kuvvet katarken müminleri mahzun etmişti.

Devam eden ayeti kerimeye mana veren müfessir şöyle açıklıyor; Bu münafıklar o kimselerdir ki, kendileri savaşa çıkmayıp evlerinde oturdukları halde Uhud günü öldürülen Müslümanlar hakkında; 'Eğer bize uysalardı öldürülmezlerdi' dediler.

Sanki Kur'an şöyle demek istiyordu: "Ey Muhammed[sav] sende onlara de ki; Eğer siz bir kimseye takdir edilmiş olan ölümü savma konusunda doğru sözlü iseniz, gücünüz yetiyorsa eceliniz geldiğinde haydi ölümü ve onun sebeplerini kendinizden savıp kendinizi ölümden kurtarın bakalım! Çünkü bunu kendiniz için yapabilmeniz daha çok beklenir."

YIRTICI KUŞLAR ÜZERİMİZE GELSE BİLE

Efendimiz[sav] savaş için saf düzeni kurdu. Çok mahir okçulardan sayısı 50'yi bulan bir grup seçti. Bu oklu mücahitlerin başına komutan olarak da Bedir'de kılıç sallamış olan Hz. Abdullah b. Cübeyr b. Nu'man El-Ensari El-Evsi'yi geçirdi.

Bu askeri harekâtı Uhud dağına yerleştirdi. Bu okçu birliği savaşın Müslümanlar lehine olması için kilit noktaydı. Çünkü müşrikler Müslümanları vurmak için bu boğazı geçmek zorundaydılar. Okçular bu boğazda öyle sıralandılar ki müşriklerin yaklaşma ihtimalleri kalmayacaktı.

Bu sistem, Resulullah'ın askeri dehasını gösterir. Çünkü müşrikler içinde nice mahir komutanlar vardı ki, Resulullah'ın kurmuş olduğu plan karşısında aciz kalmışlardı. Son derece hikmetli ve ince bir plandı.

Hz. Peygamber okçulara kesin ve tartışması kesinlikle olmayacak olan şu emri verdi; "Yırtıcı kuşların bizi alıp götürdüğünü bile görseniz size haber gönderilmedikçe bu yerinizden ayrılmayın. Düşmanı yendiğimizi görseniz bile yerinizden ayrılmayın." böyle buyuracaktı sevgililer sevgilisi. Çünkü okçuların yerinden oynaması demek, Müslümanları müşrik kılıçlarına teslim etmek demekti. Kilit nokta olduğu için okçuların yerini terk etmesi üzerine Müslümanlar çaprazlama ateş altına girecekler. Hz. Peygamberin ikazını dinlememelerinin bedeli 70 şehitle ödenecek. Bir anlık hata büyük kayıplara sebep olacak.

BU KILICIN HAKKINI KİM VERECEK?

Kerem ve izzette bütün peygamberlerin önderi idi. Dünya ve ahirette bütün insanlığın imamı idi. Peygamber silsilesinin son ama en baş halkasını temsil ediyordu. Bütün peygamberlerin fazilet ve ahlakını kendinde cem eden tek zat Hz. Muhammed'di[sav].

Onun büyüklüğünü gören, onunla bir iki dakika aynı atmosferi solumuş sahabeler ne kadar bahtiyar. Onlar zaten kendilerini böyle sınıflandırıyordu. Kimisi ben onun misvakını taşıdım diyor. Kimisi ben onun abdest suyunu taşıdım diyor. Kimisi ben onunla aynı yolda yürüdüm diyordu... Ne aziz bir görev. Ne kadar nezih hatıralar. Ona ait olan her şey güzeldir. Güzellik adına ne varsa onda mevcuttu. Güzelliğin de adı Muhammed'dir[sav].

Dostları arasında öyle bir yere sahipti ki, onun mübarek vücuduna dokunmuş bahtiyar bir sahabi gözyaşları içinde arkadaşına şöyle haykırıyor: "İşte şu ellerimle ben Resulullah'a dokundum..."

Asrı saadetin yıldızlarından Esma'nın babası Ebu Esma Eş-Şami[ra]'nin sözlerine kulak verelim. O bir hatırasını şöyle anlatır; "Resulullah'ın yanına elçi olarak giden grupların içindeydim. İslam'ın esas mevzularını öğrenip, kavmime tebliğ edecektim. Gerekenleri öğrenip yola çıkacağım zaman Resulullah'ın ellerini avucumda hissettim. Onunla musafaha ettim. Onunla bey'atleştim. Vallahi elimle onun mübarek eline dokunduğum günden bu yana bir daha kimseyle tokalaşmadım. Onun dokunduğu yere kimseyi dokundurtmadım..."

İbn Hacer El-İsabe adlı eserinde daha nice hatıralardan bahsediyor.

Müşahade edebiliyor musunuz? Onunla tokalaştığım için kimseyle bir daha tokalaşmadım diyor sahabe. Kim kimi bu kadar sevebilir? Kim kimi bu kadar kıskanabilir? Kim kime bu kadar kıymet verebilir? İnsanlık tarihi boyunca kim bu kadar sevilebildi?

İşte onu sevenler, ordunun başında bütün şecaati ile duran Hz. Peygamberin vereceği emri pür dikkat bekliyor. Dudağından dökülecek bir emri yerine getirmek için her kes ona hayran hayran bakıyor. Hz. Peygamber Mübarek elleri arasında "korkaklıkta ar ve zillet, ileri atılmakta şeref ve izzet vardır" yazılı kılıcını göstererek sahabeye "Bu kılıcı benden kim alır? " diye sordu.

Bir peygamberin kılıcının hakkını vermek basit bir olay değildir. Elini uzatan hiçbir sahabeye Hz. Peygamber kılıcını vermiyordu. Bu yüzden ellerini uzatanlar geri çekiyordu. Bir an herkes sustu. Sessizlik hâkimdi. Ve sessizlik bozuluyordu.

Başına kırmızı sarığını takarak ölüm rüzgârı gibi esen bir kahraman ayağa kalkıyordu. Ayağa kalkan adam, başkaları gibi harbin zorluğunu düşünmüyor, aksine hesap yapmıyor, meydan okuyordu. Bu savaşçı özellikleri ile ün yapmış zatı herkes iyi tanırdı. Harbin en çetin anlarında rahmet gibi eserdi. Desem ki, harp ustası olan Hz. Zübeyr b. Avvam dahi bu zatın cesaretine ve kahramanlığına hayran kalmıştır.

Savaşlarda tufan gibi esen bu zatın adı Hz. Ebu Dücane el-Ensar idi. İşte Nebi'nin sorduğu soru üzerine bütün ihtişamı ile ayağa kalkıyordu. Sanki Fahr-i Kainat, onun atılmasını bekliyordu. Hz. Ebu Dücane sordu; "O kılıcın hakkı nedir Ey Allah'ın Resulü?"

Hz. Peygamber; "Onun hakkı, kırılıncaya kadar, düşmana sallamandır" buyuruyordu.

Ebu Dücane; "Ben onun hakkını veririm Ya Resulallah" dedi. ve harp sahasına çıktı. Elinde Resulullah'ın kılıcı, çalım ata ata savaş meydanında ileri geri yürüdü. Hz. Ebu Dücane'nin bu yürüyüşü müşrikleri adeta sarsmaya yetiyordu.

Resulullah onun gururlu ve kibirli yürüdüğünü görünce; "Bu öyle bir yürüyüştür ki, Allah ona bu gibi durumların haricinde buğz eder. Harp sahası bundan müstesnadır. (Savaşta kibirli yürümekte sakınca yok.) (Müslim, Fedailü's-Sahabe, 2470 – Vakidi, Kitabu'l Meğazi, C.1, S.260)

Ölüm sarığının sahibi... Hiçbir harpte safların arkasına sığınmayan adam. İman etmeyenlerin saflarını yaran adam. Öyle yiğit bir savaşçıydı ki Huneyn savaşında, Beni Hevazinden bir adam devesinin üzerinde uzun mızrağı ile büyük kayıplara sebep olmuştu. Kılıcını sıyırdığı gibi devenin ayaklarını kesip müşriğin elini kesen de Hz. Ebu Dücane idi. Yeke yek çıktığı bütün mübazerelerin hakkını vermiştir. Öyle dik duran bir kahramandı ki, onun kılıcı önünde bükülmeyen kalmamıştır.

Uhud günü elinde Resulullah'ın kılıcı ile Hz. Peygamber'i müdafaa etti. Önünde[as] sebat gösterdi. Kendini Resul'e siper etti. Oklar Nebi'ye dokunmasın da, bana dokunsun dedi. Allah Resulunun yanından milim ayrılmadı. Hz. Peygamber'e kılıç vurmaya gelen müşriklerin bir kısmını Uhud günü Hz. Ebu Dücane etkisiz hale getirdi. Hz. Ebu Dücane'yi gören müşrikler Nebi'ye yaklaşamıyordu. Ölüm sarığını taktığını gören Ebu Dücane'ye bulaşmıyordu.

BİRKAÇ MANEVRA

İki ordu birbirine haylice yaklaşmış, ordu içindeki mahir askerler harp sahasında manevralar yapıyor, düşmanlarının direncini ve azmini kırmaya çalışıyordu.

Mesela müşriklerin sancakları Talha bin Ebu Taha El-Ahdevi deve üzerinde sallanıp savaşacak er istiyordu. Çok sert bir savaşçıydı. Onunla ben savaşırım demek de zordu.

Bu müşriğin gurur ve kibirle seyirttiğini izleyen büyük bir sahabe, Hz. Zübeyir bin Avvam ona doğru yanaşıp gözler önünde onu bir hamlede tuzla buz edecek... Evet, ileri atılmakta şeref ve izzet vardır. Onun bu muazzam cengâverliğini yüceltmek için fahri kâinat şöyle buyuracak; "Her peygamberin bir havarisi vardır. Benim havarim de Zübeyir'dir." Talha'nın öldürülmesiyle sancağı kardeşi Ebu Şeybe alacak. Onun da hakkından yer ile göğün şahit olduğu en mert yüreklerden bir yürek olan Hz. Hamza bin Abdulmuttalib gelecek.

Onun ölümü sonrası sancağı diğer kardeşi Ebu Sa'd alacak, sahabi onun da hakkından gelecek. Birbiri ardınca diğer kardeşleri sırasıyla sancağı alacak müsafi öldürülecek. Kilab öldürülecek. Cellas öldürülecek. Allah(cc) sahabe-i kiramın azmini arttırıyordu. Sahabe bir benzetmeyle rüzgârsa, müşrikler rüzgârın önündeki yaprak gibi sağa sola savruluyordu. Allah sahabe-i kiramın makamını yüceltsin. Rahmette adeta yarışıyorlardı. Komutan cihadı sevecek ki, asker cihadı sevsin. Komutanları Hz. Muhammed(sav) olunca yürünen hangi yol sevilmez ki? Ölüm tatlı gelmez mi?

ALLAH BABANLA PERDESİZ KONUŞTU

Hz. Abdullah b.Amr b.Haram. Bu zat öyle bir imana sahip ki, Allah'ın nurlandırdığı bir kalbe sahip. Uhud öncesi sanki bütün

Uhud'u müşahade etmiş ve Uhud'da şehit düşeceğini oğluna anlatmıştı. Hz. Resulullah'ın titreten, hayretlere düşüren bir hadis-i şerifi tıpkı bu sahabenin hâlini anlatıyor. O hadisin meali şöyle ki; "Allah'ın öyle kulları vardır ki, Allah adına yemin etseler Allah onların yeminlerini boşa çıkarmaz."

Bu sahabe efendimiz tepeden tırnağa imanla dolu. Yüreğine doğan bir inşirahla yüce bir ferasetle Uhud'da ilk şehit düşecek müminin kendisinin olacağı haberini veriyor. Uhud'da ilk şehit düşen sahabi kendisi oluyor. Allah onun sözlerini boşa çıkartmıyor.

Oğlu Cabir[ra] diyor ki; "Uhud günü babam yüzü örtülü olarak getirilmişti. Müşrikler onun burnunu kulaklarını kestikleri için sahabe-i kiram babamın yüzünü görmemi engellemek istediler. Beni engelliyorlar babanı nasıl biliyorsan öyle hatırla diyorlardı... Örtüsü kaldırılınca yüzünü öptüm. Müşrikler onu tanınmayacak hale getirinceye kadar kesmişlerdi. Bir zaman sonra Resulullah ile karşılaştım. Mahzundum. Moralim bozuktu. Bana lütfedip sordular "Neyin var, neden böyle kederlisin?" Dedim ki: "Ey Allah Resulü babam şehit oldu." Bana şöyle buyurdu: "Bak sana müjde vereyim. Allah[cc] senin babanın haricinde herkesle bir perde arkasında konuştu. Yalnızca senin babanla doğrudan konuştu ve babana sordu: 'Kulum, dile benden ne dilersen'. Baban da: 'Beni tekrar dünyaya gönder, senin uğrunda savaşıp öleyim' dedi. Yüce Allah buyurdu ki, 'ben daha önce hiç kimsenin (ölen) oraya (dünyaya) döndürülmeyeceğine dair hüküm verdim'. Baban da "o halde arkamda bıraktıklarıma haber ver" dedi. Yüce Allah şu ayeti indirdi; "Allah yolunda öldürülenleri sakın ölü sanmayın. Bilakis onlar diridirler. Rableri yanında rızıklara mazhar olmaktadırlar." (Al-i İmran, 169)

KININA SIĞMAYAN KILIÇ... HAMZA(RA)

Acaba söze nereden başlasam diye bir düşünceye daldım. Hangi sıfatlarla onu tasvir etsem ki dedim. Bulamadım. Zorlandım. Tıkandım... Öyle büyük birinden bahsetmeye çalışıyorum ki, büyüklüğü karşısında eziliyorum, anlatamıyor olmamın hüznünü yaşıyorum. Sen O'sun işte demekten başka ne diyebilirim ki? Sen Hamza'sın işte... Sıradan biri değilsin ki seni kolayca anlatabilelim. Tarihçiler bile anlatmaya çalışırken zorlanmışlar. Nasıl zorlanmasınlar ki? Onun şecaati karşısında kim irkilmez ki? Koca bir okyanusu kim anlatabilir ki? Kim hakkını verebilir? İşte sen o kadar büyüksün Hz. Hamza(ra)...

Zor adamdı. Zor işleri severdi. Yürüyüşünde bir asalet vardı. Yürürken arkasına bakmazdı. Mekke'de bir ağırlığı vardı. Konuştuğunda herkes susar onu dinlerdi. O yürüdüğünde bütün gözler onu takip ederdi. Karar verdiğinde kimse onu kararından döndüremezdi. Setleri kırar geçerdi. Önünde duramazdın. Tek başına ıssız çöllere giderdi. Çöldeki aslanlarla boğuşmaktan büyük bir haz alırdı. Yalçın kayalar kadar dik duran şu adam: Tek başına aslan avlardı. Öyle ki; Mekke'ye öyle bir girişi vardı ki, sanki benim kim olduğumu görmek isteyen biri varsa atın arkasına yığdığım şu avladığım aslana baksın diyordu. Atının üzerinde ağır adımlarla Mekke'de süzülürken sanki bunu anlatmaya çalışıyordu. Vefalıydı. En vefalı Zata(sav) hep vefa gösterdi hayatı boyunca.

Hz. Peygamberle yaşları bir sayılırdı. Çocukluları beraber geçmişti. Amca yeğen gibi değil de iki arkadaş gibiydiler. Ebu Kubeys dağı, koşuşturan iki çocuğu iyi tanır. Bu çocuklardan biri Hz. Peygamber, öteki ise sütkardeşi aynı zamanda öz amcası olan Hz. Hamza idi. Ne gariptir ki Hz. Peygamber diğer amcası

Ebu Leheb'den hep cefa gördü. Ama Hz. Hamza⁽ʳᵃ⁾'sından hep rahmet gördü. Aynı babanın oğullarıydılar. Biri zulmediyor, biri canını ona feda ediyordu.

O günlerden birinde secdedeyken Allah Resulü⁽ˢᵃᵛ⁾ Ebu Leheb ona taş atıp nahoş sözler söyler. Hz. Peygamber hiç cevap dahi vermedi. Sadece kırıldı ve gitti. Ebu Leheb gülüşürken o manzaraya şahit olan Hz. Hamza, Ebu Leheb'e şu sözleri söyleyecek: "Sen hiç utanmıyor musun Muhammed'e⁽ˢᵃᵛ⁾ sataşmaya? Senden başka kimse kalmadı mı?" Bu rahmet adına söylenen ilk sözdü.

MEKKE ÖZLÜYORDU GELECEK PEYGAMBERİ

Hz. Peygamber Mekke'de vahyi aldığı ilk dönemlerde Ebu Kubeys dağına çıkıp Mekkelilere:

'Sizleri uyarıyorum. Ben Allah'ın Resulüyüm. Sizleri yaklaşan bir rahmet ve azaba karşı uyarıyorum. Bana tabi olun ki hidayet bulasınız.' buyuruyordu. Her türlü tebliğ ve irşadına karşı onun nahif yüreğini incitiyorlardı. Bazen hak etmediği sözlere maruz kalıyordu. Bazen kendisi ile alay ediyorlardı. Mufaddal (Faziletli kılınan) olan Zat⁽ˢᵃᵛ⁾ tebliğ ettikçe müşrikler hiç oralı olmayıp: "Hele Muhammed'in söylediğine kulak verin. Muhammed⁽ˢᵃᵛ⁾ şaşırmış yoldan çıkmış" diyorlardı. Çok galiz sözlerle saldırıyorlardı. Mahsusun bi'l izzi (İzzet kendisine has kılınan) olan zat⁽ˢᵃᵛ⁾, izzet ve kerem sahibi olan Yüce Allah'ın hatrına sabrediyordu. Müddessir suresinin: "Rabbinin rızası için sabret" kavli hatrına, Yüce Allah'ın kelamı hatrına sabrediyordu. Sabır gerekiyordu sabır... Peygamberler sabırla yoğrulurlardı.

Hz. Eyyub sabretmemiş miydi? Hz. Yunus⁽ᵃˢ⁾ bir balığın karnında günlerce Yüce Allah'ı zikrederek sabretmedi mi? Hz.

Nuh⁽ᵃˢ⁾ tam 950 sene kavmine irşad edip iman edecek bir muvahhid aramadı mı? Dile kolay geliyor. Hz. Nuh Tam 950 sene sabretmişti. Ne muazzam bir hadise. 950 Sene isyan eden bir kavme sabredebilmek. Öyle ki Hz. Nuh⁽ᵃˢ⁾ kavmini bir olan yüce Allaha secde etmeye çağırıp: La ilahe illallah, dediğinde kavmi kulaklarını tıkayıp 'Biz seni işitmiyoruz' derlerdi. Helakı hak edenlere asırlar boyunca sabretmişti... Selam olsun tevhid hatrına, selam olsun ilah-i kelimetullah hatrına sabreden peygamberlere.

İslam hukukçularından İbn Teymiyye'nin sözü ne kadar manidardır. Şöyle der etrafındaki cemaatine: "Dünyada bir cennet var ki o cennete giremeyenler ahretteki cenneti hak edemezler." Her sözün bir hakikati vardır. Bu sözdeki derinliği ve hikmeti talebeleri sorduğunda o sözlerine şöyle devam edecek: "O dünyadaki cennet, İslam için zindanları göze almaktır."

Her şeyi özetlemiyor mu bu söz? Bu söz tıpkı Hz. Peygamber ve sahabesinin Mekke'de çektiği çileli yılları anlatmıyor mu? Ebu Cehillerin zulmüne maruz kalan peygamber ve dostlarını anlatmıyor mu? Neden ama? Neydi bu güzel insanların suçları? Suçları: Rahmetten yana olmaktı. Allah için haksızlığa karşı kıyam etmekti. Bir olan Allah'a secde etmekti. Suçları ebedi önder Hz. Muhammed'in yolunda yürümekti...

Yıllarca Kâbe hasretti, tevhidi haykıracak olan peygamberin haykırışlarını duymaya... İşte beklenen o zat geliyordu artık. Kâbe'nin hasretle beklediği o zat geliyordu. İnsanlığı zifiri karanlıktan aydınlığa çıkaracak olan o zat geliyordu. Münecci (kurtarıcı) geliyordu. Muhyi (Kalpleri dirilten) geliyordu. O muhyi idi ki ölü kalpleri iman nuru ile diriltmeye geliyordu. Muktefi (ardından gidilen) geliyordu. Mahi (küfür karanlığını mahveden) geliyordu. Kademü sıdk (doğruluk tahtının ikbali) geliyordu. En-Necmüs sakıb (Karanlığı delen parlak yıldız) geliyordu. Kaidu'l Gurri'l- Muhacelin (Aydınlık ve nur yüzlü insanların lideri) geliyordu. Mahsusun bi'l – Mecid (Şan ve şeref kendisine has kılınan) yaklaşıyordu. Şöyle buyuruyordu: "Ey insanlar! Bir olan Allah'a secde edin. Allah'ı hakkı ile övün" diyordu. Rahmete davet ediyordu. Paslanmış kalpleri temizlenmeye çağırıyordu. Tabuları yıkmaya geliyordu. Müşriklerin kendi elleriyle oluşturdukları ve taptıkları putları yıkıp HAY ve KAYYUM olan Yüce Allah'a teslim olmaya çağırıyordu. Putların önünde diz çökenleri rahmanın nuru önünde diz çökmeye çağırıyordu.

Ölü kalpleri diriltmeye gelmişti. Cehaletle yoğrulmuş kalpleri İslam mayası ile yoğurmaya gelmişti.

Her ne kadar hak etmediği sözlere maruz kalsa da, sabrediyordu. Nemrudun karşısında dik duran Hz. İbrahim gibi, firavunun karşısında dik duran Hz. Musa gibiydi. Boyun eğmiyor daha da ötesini yapıyor, tek başına bütün Mekke aristokrasisini karşısına alıp risalet görevini ihya ediyordu.

Ey insanlar ben Allah'ın kulu ve elçisi Muhammed'im[sav] diyordu. Ayetler kalbine indikçe Yüce Allah'ın büyüklüğünü hissediyor, mahşer âleminin ne kadar çetin olduğunu müşahade ediyor ve ayetlerin karşısında sarsılıyordu. Sarsılırken kavmi adına üzülüyordu. Nefislerine ram olan bedenleri Allah'ın huzurunda kulluğa davet ediyordu. Ölü kalpleri kıyama kaldırmaya gelmişti. Ben son sığınak Muhammed'im[sav] demeye gelmişti.

SEN O'NU[SAV] YALNIZ MI ZANNETTİN?

Ve o günlerden bir gündü. Kâbe'de namaz kılıyordu. Ebu Cehil ve emsalleri onun bu haline dayanamayıp hakaret etmeye başladılar. Çok galiz ağır sözler sarf ettiler. Öyle ki, mübarek cübbesini çekiştirip namazını bozdurdular. Bütün Mekke olan biteni izliyordu. Müslümanların sayısı azdı. Bu yüzden müdahale edemiyorlardı. Hz. Peygamber Müşriklerin kin ve nefretleri karşısında sustu. Hiç bir şey söylemedi. O, Yüce Allah'ın ahlakı ile ahlaklanmış vahiy getiren meleğin (Cebrail) tedrisinden geçmiş edep ve hayâyı kendine şiar edinmiş yüce bir kalbe sahipti.

O sükût ettikçe edepsizler hudutları zorluyordu. O rahmete çağırdıkça hakaretle mukabele ediyorlar, naif yüreğini incitiyorlardı. Bu kadar bağnazlığı beklemiyordu. Müşriklerin bu kadar gaddarca davranacaklarını belki hiç düşünmemişti bile. Çünkü onun zarif yüreğinde kin ve nefrete yer yoktu. Güzellik ve temizliği öğretmeye gelmişti.

Hiçbir şey söylemeden kırıldı ve gitti. Yavaş yavaş cübbesini düzeltip evine doğru mahzun bir halde yürüdü. Belki kulağına Ebu Cehil'in "sana bir daha namaz kılmayacaksın demedim mi" sözü yankılanıyordu. Kendi adına üzülmüyordu. Ben onları nasıl ıslah edeceğim diyerek gözyaşı döküyordu.

Bütün Mekke sokaklarında kulaktan kulağa "Muhammed'e yapılanı gördünüz mü Ebu Cehil Muhammed'e hakaret etti" sözleri yankılanıyordu. Bir anda Mekke'nin bütün gündemi az önceki zulüm ve hakaret oldu. Mekke konuşuyordu Allah Resulüne yapılan edepsizliği...

O gel git ler yaşanırken Mekke'nin girişinde atının üzerinde heybetiyle süzülen Hz. Hamza beliriverdi. Olan bitenden haberi yoktu. Duymamıştı henüz. Yavaş yavaş atından iniyor, bütün şecaatiyle Mekke sokaklarında yürüyordu. Atının üzerinde avlamış olduğu aslanın postu vardı. Mekke kadınlarından biri ona "ey Ebu Ammara, sen aslan avlamaya devam et" dedi. Beklenmedik bu söz karşısında Hamza ona "hayırdır" dedi. Kadın devam etti sözüne "Ebu Cehil'in Muhammed'e yaptıklarını duydun mu? Ebu cehil hakaret etti, küfür etti. Hz. Muhammed ona tenezzül etmeden sustu gitti" dedi. Hz. Hamza'nın gözleri yuvasında döndü. Adeta şimşekler çaktı şakaklarında. Dönüyordu kadına: "kadın, dedi. Sen ne söylediğinin farkında mısın?" öyle ki kan beynine sıçramıştı. Yüzündeki damarlar sertleşmeye başladı. O, Hamza'ydı işte. Kınından çıkacağı zaman gelmişti artık...

Sert adımlarla Kâbe'ye doğru yürüdü. O yürürken Resulullah'a yapılan zulümden gözyaşı döken kadınlar bağırıyordu: "Ey Ebu Ammara (Hamza) Ebu Cehil'in yaptıklarını duydun mu?" Hiç cevap vermeden yürüyordu. O sert adımlarla yürürken Mekkeli başka bir kadın üzüntüsünü belli eden sözler sarf ediyordu. "Hamza... Hamza... Sinirlendiğinde konuşmayıp kılıcını konuşturan adam. Annelerin bir benzerini doğurmaktan aciz kaldığı adam. Bakışları ile çölü yakan adam. Bakışları ile sarsan adam..." Sert adımlarla Kâbe'ye doğru geldi. O sırada Ebu Cehil ve arkadaş kadrosu ki biz o kadroya şeytanın kadrosu demeyi uygun buluyoruz. Ebu Cehil ve kadrosu Kâbe'de kahkahalar atıyor, birbirlerine az önce Kâbe'de yaptıkları şımarıklığı anlatıp alay ediyorlardı. Hz. Hamza Kâbe'ye doğru son bir hamle yaptı. Sert bir manevrayla duvarı aştı ve müşriklerin meclisi olarak bilinen Darün-Nedve'ye geldi.

Hz. Hamza'nın gelişindeki sertliği görenler tedirginleştiler. Kapı önündeki korumalar Ebu Cehil'e bağırdı; "Hamza geliyor, Hamza geliyor." Ebu Cehil ne olduğunu henüz kavrayamamıştı ki, Hamza korumaları elinin tersiyle itip Ebu Cehil'in başına dikildi. Bütün Mekke orada toplanmış olacakları bekliyordu. Hz. Hamza'nın belinde kılıcı elinde ise yayı vardı. Hz. Hamza'yı karşısında gören Ebu Cehil bir an sert bakışları karşısında titremeye başladı. Çünkü Hz. Hamza sıradan bir adam değildi. Basit bir meseleden dolayı Darün-Nedve'ye hışımla gitmezdi.

Hz. Hamza kimseyi dinlemeden elindeki yayı var gücüyle Ebu Cehil'in suratına indirdi. Bütün yüzü kan doldu. Meclistekiler bir anda ayaklandı. Ebu Cehil yediği tokat karşısında ayağa kalktı ve "ne oluyor sana" diyerek Kâbe'de yaptıklarını unutmuş bir tavırla kendince şaşkınlığını dile getirdi. Hz. Hamza gür bir sesle ona: "Sen kim oluyorsun da Hamza'nın yeğeni Muhammed'e[sav] hakaret ediyorsun?" dedi. Devam etti sözüne: "Sen ona küfür etmişsin, o kendine yakışanı yapmış, sana tenezzül etmeyip cevap dahi vermemiş. Sen Muhammed'i yalnız mı sanıyorsun? O, edebinden susmuş, hilminden sana cevap vermemiş. Ama beni iyi tanırsın. Benim nasıl bir adam olduğumu iyi bilirsin..." dedi.

Bu tehditler karşısında Ebu Cehil'in yanındaki birileri o an ellerini kılıcına götürecek, bunu fark eden Hz. Hamza da elini kılıcına götürecekti. Orada bir kılıç parlasa başı gövdesinden ayrılacak ilk kişi Ebu Cehil olacaktı ki Ebu Cehil'in Hz. Hamza'nın kılıcından sıyrılması mümkün değildi. O meclis de bulunan müşriklerin Hz. Hamza ile başa çıkması mümkün değildi. Bir kılıç parlasa Ebu Cehil ve arkadaşlarının oradan sağ çıkması mümkün olmayacaktı. Keza Hamza ani manevralar yapan, hızlı hareket eden ve kılıcının yönü kime döneceği belli olmayan bir cengâverdi. Ve orada dökülecek bir kan Hz. Resulullah'ı kat kat güçlendirecek, Hamza'nın mümin olmasına vesile olacaktı. Bunların hepsinin farkındaydı Ebu Cehil.

O an bunların hepsini düşünüp ince bir siyaset yapıyor olmalı ki, Ebu Cehil dönüyordu etrafındakilere yüksek bir sesle: "Hayır" diyordu. Ve devam ediyordu sözüne "Hamza haklıdır. Hamza söz söyleme hakkına sahiptir. Ben Muhammed'e⁽ˢᵃᵛ⁾ zulmettim." diyordu. Bu sözleri sanki hiç duymamış gibi Hz. Hamza, daha da sertleşiyordu. Hz. Hamza Ebu Cehil'e ve etrafındaki müşriklere haykırarak: "Hadi" diyordu, üzerlerine yürüyerek "Ben buradayım. Yok mu içinizde erkek adam? Eğer sözlerinizde bu kadar sadıksanız atalarınızın dinine bu kadar vefalıysanız çekin kılıçlarınızı." diyordu. Hz. Hamza bunları söylerken kimin üstüne yürüse o kişi orayı terk ediyordu. Adeta fırtına estiriyordu. Gözleriyle bütün Mekke liderlerini şöyle bir süzdü. Sert bakışlarıyla haykırarak şöyle dedi; "Bundan böyle ben de Muhammed'in⁽ˢᵃᵛ⁾ dinindenim, gücü yeten varsa gelsin beni bu dinden döndürsün. Vallahi bir daha Muhammed'e⁽ˢᵃᵛ⁾ yaklaştığınızı duyarsam, yayımla değil kılıcımla başınıza vururum."

İşte tasvir etmekte zorlandığımız Hamza⁽ʳᵃ⁾...

İşte müşriklerin beli kırılmıştı artık. Çünkü Hz. Hamza Müslüman olmak için Resulullah'ın evine doğru sert adımlarla yürüyordu. O yürürken bütün Mekke Hamza'yı konuşuyordu. Gündem değişmişti artık. Az öncesine kadar Mekke'de gündem: "Ebu Cehil'in Muhammed⁽ˢᵃᵛ⁾'e yaptıklarını gördünüz mü" sözleriydi. Şimdi ise bütün Mekke: "Hamza nasıl meydan okudu Ebu Cehil'e, Hamza nasıl Mekke liderlerini sıraya dizdi" diyorlardı. Herkes bunu konuşuyordu. Herkes atılan tokadı konuşuyordu. Herkes rahmet adına atılan ilk tokadı konuşuyordu. Resulullah'ın huzuruna girdi ve ilk sözü şu oldu; "Bunlar seni hak etmiyorlar" dedi. Dedi ve anlatılması gerekenleri anlattı. Resulullah'a yapılan zulme karşı attığı tokatları anlattı. Anlattı da Hz. Peygamber hiç mutlu değildi. O⁽ˢᵃᵛ⁾ hiç oralı olmadı bile. Hz. Hamza dedi ki "Mutlu olmadın mı?" Hz. Peygamber: "Hayır, dedi. Ben bu tür şeylerden mutlu olmam. Mutlu olmamı istiyorsan Müslüman ol amca." buyurdu. O günün akşamında Ebu Kubeys Dağı'nın eteğinde Kelime-i Tevhid'i haykıran Hamza'nın sesiyle müşrikler irkildiler. Artık Hz. Hamza tepeden tırnağa imanla doluydu. Onun mümin oluşu bir rahmet, bir esenlik, bir bereketti. Selam onun Müslüman olduğu güne.

BEDİR'DEN BİR HATIRA

Bedir baştan aşağı Hz. Hamza kokar. Çünkü Bedir muharebesinde Hz. Hamza'nın ayak basmadığı toprak kalmamıştı. Adeta fırtına gibi Bedir'de esti. Şüphesiz Bedir'de müşriklerin hezimete uğrayışının en büyük sebeplerinden biri Hz. Hamza idi. Bu yüzden müşriklerin şu sözü ne kadar manidardır: "Bize Bedir'de ne yaptıysa Hamza yaptı. Bizim canımıza Bedir'de Hamza okudu." Bedir'in aslanı olan Hz. Hamza[ra]'yı bir de Hz. Ali'den dinleyelim.

Anlatıyordu Hz. Ali[ra]:

"Bedirdeydik. Harp kızışmıştı. Kim önüme gelse ben ona yettim. Bir ara bir müşrik bana doğru yöneldi ben de ona doğru hamle yaptım. İşte o an sendeledim. Kendimi toparlamaya çalışırken müşrik üstüme çullandı. Ben de ona mukabelede bulunacaktım. Hareket alanım dardı. Bir an bir kılıç şakırtısı duydum. Kim bu kılıcını sallayan adam demeye kalmadı ki kılıç müşriğin başını öyle bir kesti ki, müşriğin başı bir tarafa, gövdesi bir tarafa dağıldı. İşte o an döndüm baktım ki o amcam Hamza[ra] imiş. Beni yerden kaldırdı ve safları yararak gözden kayboldu. Nereye dönsem Bedir'de Hz. Hamza'yı görüyordum."

Hz. Hamza... Eşsiz adam... O, Bedir'in aslanıydı. O, Bedirde esen bir rüzgârdı. Bir fırtınaydı. Ne yazık ki Bedirde Hz.

Hamza'nın yaptıklarını unutamayanlar vardı. Rahmet için salladığı kılıçlar kararmış kalplere dokunmuştu. Dokunduğu kalplerdeki yaralar tazeydi. O yaranın kapanmaya niyeti yoktu. Yara alanların İnsafı yoktu. Müşrikler, Allah için vuranları Allah için cihat edenleri yeryüzünden kaldırmaya ant içmişlerdi. Hz. Hamza'nın bedirde öldürdüğü kişilerden biri Cübeyir bin Mut'im'in amcasıydı. Gene Hz. Hamza Mekke lideri Ebu Süfyan'ın karısı Hind'in ailesinin ölümüne sebep olmuştu. Bedir'in kahramanı Hamza'ya karşı kin ve nefret vardı. Artık müşriklerin tek bir gündemi vardı. O gündem Hz. Hamza idi. Hamza'nın Bedirde yaptıklarını unutamıyorlar, bedel ödetmek istiyorlardı. Bir Uhud gelecekse Hamza da orada olacaksa Hamza'ya hesap sorulacak diyorlardı. Nefislerine köle olmuşlardı. Oysaki sahabe mübarezeye çıkarken Allah için çıkardı. Kıyama kalkarken Allah için kalkardı.

Lakin müşriklerin bu faziletlere karşı muhabbet beslemeye niyetleri olmadığı gibi güçleri yetse yeryüzünden Kelime-i Tevhid'i silmeyi arzu ediyorlardı. İşte Hz. Hamza onların en büyük engeliydi. İslam'ı yıkmak için Hamza'ları yıkmak gerekirdi. Öyle düşünüyorlardı. Hâlbuki bilmiyorlardı ki, bu dinin kimseye ihtiyacı yoktur. Bu din kendini muhafaza eder, kendi kadrini yüceltir ve zirveye çıkardı. Bu dinin kula ihtiyacı yoktur. Aksine kulun bu dine ihtiyacı vardır. Müşrikler kendi iç âlemlerinde adeta med cezirler yaşıyorlar, soğuk terler döküp yeminleşiyorlardı. Dökülen kanların hesabı sorulmalı diyorlardı.

Ve bir gün karşılarına Habeşli köle VAHŞİ çıkacak. Vahşi tam aradıkları kişiydi. Elindeki mızrağı istediği hedefe ulaştıran çok mahir bir mızrak ustasıydı. Cübeyir bin Mut'im'in kölesiydi. Müşrikler onu karşısına alıp şu sözleri söyleyecekti; "Hürriyetine kavuşmak için sana bir teklif; Uhud'a gidecek olan kervanda olacaksın. Uhud'a gideceksin. Uhud'da sen savaşmayacaksın. Müşriklerin veya Müslümanların kazanması veya kaybetmesiyle ilgilenmeyeceksin. Senin tek bir amacın olacak. Şu mızrağı istediğin hedefe atıp tutturduğun gibi sadece bir kez canlı bir hedefi tutturmanı istiyoruz. Senin Uhud'da tek görevin Hamza bin Abdulmuttalip olacak. Hamza'yı öldüreceksin. Öldürürsen hürsün.

Fitne tohumunu atmışlardı. Kararlılardı. Hz. Hamza'nın varlığı bu insanları rahatsız etmeye yetiyordu bile. Bu böyledir ama. Hz. Muhammed'i$^{(sav)}$ seviyorsan bedel ödemeye de razı olacaksın. Sevdalıysan şayet dik duracaksın. Gerektiği zaman başını kılıçların altına koyacaksın. Medine'ye toz konmasın diye Nebiler serdarına zarar gelmesin diye serden geçeceksin. Sahabe-i kiram da serden geçiyordu. Dünyaya tenezzül etmiyorlardı. Onlar için dünya, sivrisineğin kanadı kadar değersizdi.

UHUD'UN KAHRAMANINI ANLATIYOR

Şimdi Vahşi'ye kulak verelim. Uhud'un kahramanını, Hz. Hamza'yı nasıl şehit ettiğini bizzat ondan duyalım...

İki ordu karşı karşıya geldi. Müşriklerin sayısı Müslümanlara oranla çok fazlaydı. Bir ara Hamza'nın yanına yanaşan biri şöyle dedi; "Ne düşünüyorsun Hamza? Sayıca müşrikler bizden fazla." Hz. Hamza müşriklerin ordusunu sarsacak şu cevabı verdi. "Onların da gözleri görüyor bizim de gözlerimiz görüyor. Sayılarının çok olması bizim için bir eksiklik değil. Ben gözümün gördüğü hiçbir şeyden korkmam." Hz. Hamza'nın bu sözü müşrik safları arasında dalga dalga yayıldı. Müşriklerin dirayetini sarsmaya yetti.

Devam ediyor anlatmaya Vahşi. Harp sahasına indim. Toz toprak havada uçuşuyordu. Hamza'yı adım adım takip ediyordum.

Hamza... Hamza... Müthiş bir adamdı. Hamza gibisini görmedim. Öyle ki, heybetli bir devenin diğer develerden farklı oluşu gibi Hamza fark ediliyordu. Öyle yaman savaşıyordu ki onu fark etmemek mümkün değildi. Çöl kasırgası gibiydi. Çok hareketliydi. Ona yaklaşabilmek mümkün değildi. Elindeki kılıcı öyle kullanıyordu ki Hamza'nın yanından geçen yere yıkılıyordu.

İki kılıcıyla harp sahasını dolduran bir sesle sürekli haykırıyordu; "Ben Hamza'yım. Ben Allah'ın ve Resulullah'ın aslanı Hamza'yım." diyordu. Bunu sürekli tekrar ediyordu. Müşriklerin dikkatini çekip kılıç ve mızraklara hedef olmak için bunu defalarca tekrarladı.

Bir ara Hz. Muhammed'in⁽ˢᵃᵛ⁾ etrafında seyrekleşmeler oldu. Müşrikler var gücüyle Hz. Muhammed'e doğru yürüdüler. Hz. Muhammed'in etrafında çok az sahabe kalmıştı. Müşriklerin bütün hedefi Hz. Muhammed'di. Bu yüzden birden 20 kişi onun üzerine geliyordu. Muhammed'in⁽ˢᵃᵛ⁾ yanında kılıç sallayan sahabesi sebat gösteriyor, Hz. Muhammed'in gölgesine bile kimseyi yaklaştırmıyorlardı. Öyle ki 1 sahabenin 10 müşrikle çarpıştığı da oluyordu. Önünde etten duvar kuruyorlar, Muhammed'e kimseyi yaklaştırmıyorlardı.

Bir ara müşrikler sert bir hamleyle Hz. Muhammed'e yaklaştılar. Bunu ilk fark eden Hamza oldu. Hz. Hamza o an bağırdı "Resulullaha koşun..." Aklını başına alan, müşrik kılıcından sıyrılan Hz. Muhammed'e koşuyordu. Dağılan sahabe bir anda peygamberin yanında toplandı. Hz. Talha b. Ubeydullah, Hz. Sa'd b. Ebi-Vakkas, Hz. Ömer, Hz. Ebubekir, Hz. Ali (Allah hepsinden razı olsun) hepsi etrafında toplanıp etten muhabbetten duvar ördüler. Adeta yeminleşiyorlardı. "Resulullah'ın yanından her ne olursa olsun ayrılmayacağız" diyorlardı. Onu yalnız bırakan haindir" diyorlardı. Önünü kapatıyorlar, müşriklerin görüş açısını engelliyorlardı.

Hamza'yı izlerken irkiliyordum. Elinde iki kılıç fırtına gibiydi. Kalabalık grupları yarıyor, oradan sağ çıkıyordu. Benzerine zor rastlanan bir adamdı. Savaşırken hesap yapmıyordu. Hiçbir savaş stratejisi yoktu açıktan savaşıyordu. Korkusu yoktu, gelebilecek darbeleri düşünmüyordu, açık hedefti. Çok mert bir adamdı. Yürürken arkasına bakmıyor, sürekli kavisler çizerek manevralar yaparak ordunun başından girip arka tarafına doğru ilerliyordu.

Bir ara gelen bir darbeden sakındığını gördüm. O an fırsatını buldum. Bütün gücümle mızrağımı fırlattım. Mızrak göğsünden girdi sırtından çıktı. Bir an sendeledi. Elinde iki kılıç vardı. Manevraları yavaşlamaya başladı. Refleksleri yavaşlıyordu. Onu izliyordum. İlk darbede yıkılmadı. Halen savaşıyordu. Onun yanından geçen iki büklüm oluyordu. Bir anda beni fark eder gibi oldu. Kalp atışlarım hızlandı. Titremeye başladım. Benim olduğum tarafa doğru yöneldi. Anında bulunduğum yeri terkettim. Kayalıkların arkasına girdim. Vallahi yakalasaydı kılıcından sıyrılmam mümkün değildi. Onu izliyordum... Tıpkı Çöl aslanı gibiydi. Heybeti sarsıyor ürkütüyordu. Duraksadı. Belli ki gücü kesiliyordu. Takati kalmadı, iki kılıcını yere sapladı. Yavaşça yere doğru eğildi. Gözleriyle birini arıyordu. Etrafına bakınıyordu. Peygamber'in bulunduğu yöne doğru baktı... Baktı... Baktı... O son bir bakıştı. O son bir nazardı. O son bir tebessümdü. O amcanın yeğenine[sav] vedasıydı. O sütkardeşin vedasıydı. O sevenin sevdiğine vedasıydı.

Boylu boyunca yere uzandı. Hareketleri ağırlaştı. Ve Hamza sessizleşti. Öldüğünü biliyordum. Ama yaklaşmaya cesaret edemiyordum. Cesedi bile ürkütüyordu.

Vahşi'nin anlatacağı daha çok şey var. Biz biraz sonra Vahşi'nin anlatacaklarını dinleyeceğiz. (Biz Vahşi'ye o gün için Vahşi diyerek hitap ediyoruz. İman ettiği gün Hazret kelimesiyle güzelleşti, sahabe oluşu ile bizim önderlerimizden oldu.)

Bir ara Mekke lideri Ebu Süfyan şehit olan Hz. Hamza'nın mübarek cesedinin başına geldi. Elinde bir değnek vardı. O değneği o yüze, kurban olunası o mübarek yüze sürüp duracak, içindeki kini böyle kusmaya çalışacaktı Ebu Süfyan. Bu olaya şahit olan biri hayretini gizleyemeyip diyecek ki; "Hele bak. Mekke'nin lideri Ebu Süfyan'a bak. Hamza'nın gölgesine yaklaşmaya cesaret edemeyen Ebu Süfyan'a bakın hele. Onun gölgesine yaklaşmaya cesaret edemeyen şimdi cesediyle oynaşıyor" suratına çakıyordu bu sözü. Utanıyordu Ebu Süfyan. Ve diyordu ki; "Sus be adam, sus. Rezil ettin beni insanlara."

Ve... Ve... Gönül istemiyor bu kısmı yazmayı ama bu da vebaldir. Söylememiz gerekiyor. Vahşi'ye Hz. Hamza'yı öldür emrini veren Hind, Hamza'nın cesedinin başına gelecek. Vahşi'ye Hz. Hamza'nın vücudunu kesmesi emrini verecek. Onun mübarek gözlerini yerinden çıkaracaklar. Burnunu kesecekler. Ona musle yapacaklar.

Mübarek ciğerlerini bile tarumar edecekler. Dahasını yazmaya kul hayâ ediyor. Bunları yazarken takatim kesiliyor. Çünkü ölümü üzerine semadaki melekler dahi mateme bürünmüştü. Çünkü o böyle bir hareketi hak etmemişti.

HAMZA GELEMEZ ARTIK

Ve savaşın sonudur. Hz. Peygamber sahabesiyle beraber Uhud'un eteklerindedir. Hz. Peygamber huzursuzdur. Mübarek gözlerinde nem vardır. Sürekli etrafına bakınıyor. Gözleriyle birini arıyor. Ama aradığını bulamadığı mübarek yüzündeki hüznünden belliydi. Titreyen sesiyle Hz. Ali'ye dönüyordu ve "Bana Hamza'yı bulun. Bana amcamı bulun" diyordu. Hz. Ali gidiyor uzun bi süre sonra ağlaya ağlaya Nebi'nin yanına geliyordu. Hz. Ali Resulullah'ın yanında diz çöküyordu. Onun ağladığını gören Resul soruyordu: "Hamza nerede?" Cevap hep aynı. "Hamza gelemez Ya Rasulallah..." Vefat etti diyemiyorlar.

Hz. Peygamber bir anda hızla doğruldu yerinden. Ayağa kalktı. Onun ayağa kalktığını gören sahabi etrafında toplanmaya başladı. Hz. Hamza'nın yanına yaklaşınca sahabe Hz. Peygamber ile şehit Hamza'nın[ra] arasına girdi. Hz. Resul o müthiş manzarayı görüp de narin yüreği burkulmasın diye sahabe Hz. Hamza'nın mübarek cesedini kapatıyordu. Hz. Peygamber bir adım atıyor sahabe önünü kesiyordu. Sahabe diyordu ki; "Ey Allah'ın Resulü biz onu gördük, sen onu bu halde görme." O ne yaman bir söz öyle. Müşahede edebiliyor musunuz? Onu bu halde görme Ya Rasulallah...

Hz. Peygamber'in emri üzerine sahabe Hz. Hamza'nın önünden çekilecekti. O an kâinat duruyordu sanki. O an her şey matlaşıyordu. Sanki O an göklerin kapısı açılıyor ve: "Ey Muhammed[sav] sebat et. Ey Muhammed(Sav) sabret" diyordu sanki. Hz. Resulullah hafifçe dişlerini sıkıyor mübarek başını hüznünden yavaş yavaş oynatıyordu. Mübarek ellerini semaya doğru kaldırıyor ve indiriyordu. Mübarek dudaklarından dökülen ilk cümle; "Amcam benim, amcam" diyordu. Sözüne devam ediyordu; "Vallahi seni kaybetmek gibi bir musibetle daha önce karşılaşmadım." Ağlıyordu Allah'ın Resulü. Tarih şahittir ki ömrü boyunca ilk kez sesli bir şekilde amcasının vücudu başında ağlamıştı. Sarsmıştı

Hz. Hamza'ya yapılan şu vahşice muamele. Yanı başındaki sahabesi de gözyaşı döküyordu.

Allah'ın Resulü gözyaşları içinde şöyle buyurdu; "Amca, sen akrabalık bağlarına önem verirdin. Dostlarınla ilişkini kesmezdin. Yetimlere sahip çıkardın. Sen hep iyilik yapardın..." Mübarek dudaklarından sözler zorlukla çıkıyordu. O an dahi amcasının yokluğunu hissediyordu. Birbiri ardınca hatıralar mübarek gözleri önünde canlanıyordu. Sarsılıyordu Allah'ın Resulü. İnsanlığın medar-i iftiharı hüzünleniyordu. Gökten vahiy alan zat göklere mübarek başını kaldırıyor ve indiriyordu. Gözyaşları içinde şöyle buyuruyordu; "Vallahi gökte şöyle yazılmaktadır. Hamza Allah'ın aslanıdır..." sonra devam ediyordu sözlerine; "Keşke ben de Uhud'da sizinle kalmış olsaydım."

Şu ayeti kerime ki Uhud'da şehit düşen sahabe hakkında inmiştir. "Müminlerden öyle erkekler vardır ki Allah'a karşı verdikleri sözde sadık kaldılar..." Heyhat ki hey hat!! Allah sahabeye şahit oluyordu. Allah[cc] şehit olan sahabeye 'Sözlerinde sadık kalanlar' buyurarak medhu sena ediyordu. Cennet size mübarek olsun. Ey Muhammed'in[sav] etrafındakiler Allah sizi övüyordu. Allah sizlere "sadık olanlar" diyordu. Kâinatın efendisi, Hz. Hamza'nın mübarek cesedi başında inen bu ayetlerin ağırlığını bütün hücrelerinde hissediyordu. Hatırlıyordu. Hz. Resul hatırlıyordu, Sahabenin ona; "Biz nefes aldığımız sürece düşmanın sana yaklaşamayacak" sözlerini hatırlıyordu.

Onlar sözlerinden dönmediler. Nasıl bir sevdaymış. Nasıl bir vurgunmuş. Canları pahasına sevgililerine dokundurtmadılar. Evlerini terk edip onun[sav] Allah için yürüdüğü Uhud'da yalnız bırakmadılar. Dönmeyi de düşünmediler. Seni sevmenin bedeli şehadet ise biz onu arzu ediyoruz dediler. Hz. Hamza'nın mübarek vücudunu hiç kaldırtmadı. Şehit olan sahabeleri amcasının cenazesinin önüne getirtti. Gelen her sahabenin cenaze namazına niyet ederken amcasına da niyet ediyordu. Şehit olan her sahabe sayısınca amcasının üzerine cenaze namazı kıldı. Nasıl bir sevdaymışsın sen Ey Hamza[ra]. Resulullah rahmet üzerine rahmet okuyordu en sevdiğine...

HZ. VAHŞİ ÜZERİNE İNEN AYETLER

Uhud'dan yıllar sonradır. Bir zaman gelecek Allah, Resulü Ekremi Mekke'yi fethetmekle şereflendirecek. Mekke'ye gelecek bütün batıl inançları yerle bir edecek, Kâbe'yi putlardan temizleyecekti.

İslamiyet'in önündeki bütün engeller bir bir yıkılacak. Bütün müşrikler Hz. Peygamber'e boyun eğmek zorunda kalacaktı. Düne kadar Hz. Resulullah'a kılıç çekenler ona teslim olacaktı. Bir zamanlar Mekke'den sürgün ettikleri Hz. Muhammed[sav] Mekke'yi binlerce kişilik Müslüman ordusu ile fethedecekti.

Ve Vahşi... Korkup Taif'e kaçacaktı. Resulullah'tan kaçıyordu. Hz. Hamza'ya yaptığı zulüm onun Resulullah'tan fersah fersah uzaklaşmasına sebep oluyordu. Korkuyordu. Ya Muhammed[sav] beni bulursa. Gel bakayım amcamın katili derse. Bu düşünceler Vahşi'nin içini kemiriyordu.

Ve bir zaman sonra Hz. Peygamber Vahşi'ye haber gönderir. Bu dinin kapısı sana açıktır. Gel Müslüman ol, der. Hz. Peygamberle aracılar vasıtasıyla mektuplaşmaya başlar. Vahşi Şöyle yazar mektuba; "Ey Muhammed! Dinine girmeye yüzüm yok. Sen birini öldüren, şirk koşan ve zina eden hakkında 'kıyamet günü azabı kat kat arttırılır ve onda (azapta) alçalmış olarak devamlı kalır (Furkan Suresi)' diyorsun.

Vahşi'nin bu sözleri üzerine arşın kapıları açılır ve ayet iner. Şöyle ki:

"Ancak tevbe edenler, iman edip salih amel işleyenler hariç, Allah onların kötülüklerini iyiliğe çevirir. Allah affedici ve rahimdir."

Vahşi bu ayet üzerine de mutmain olamaz. Ve şöyle yazar mektuba;

"Bu ayetlerde salih ameller şart koşuluyor. Ben çok günah işliyorum..."

İnen şu ayeti kerimeler Vahşi'nin İslam'a girişine vesile olur;

"Allah kendisine şirk koşulmasını affetmez. Bunun dışında dilediğini affeder." (Nisa suresi)

"Ey kendileri aleyhine aşırı gidenler! Allah'ın rahmetinden ümidinizi kesmeyin. Allah bütün günahları affeder. O affedicidir. Rahimdir." (Zümer suresi)

Hz. Peygamber(sav) Medine'sinde sahabesiyle mescidde oturuyordu. İçeriye birisi girer. Yüzünde örtü vardı. Yaklaşır yaklaşır. Tam Hz. Peygamberin önünde diz çöker. Ve şöyle bir soru sorar; "İslam kendisinden önce işlenmiş olan günahları affeder mi?" Hz. Peygamber ona "evet" der. O sözüne devam eder; "Peki büyük bir cinayet işlemiş olsam da mı?" Hz. Peygamber ona "evet" der.

Vahşi titreyen dudaklarıyla şu sözü de söyler; "Peki amcanız Hamza'yı da öldürmüş olsam da mı?" Bu sözleri söyledikten sonra yüzündeki örtüyü çıkarır ve; "Ben Vahşi'yim. Müslüman olmaya geldim" der.

Mescidde sesler yükselir. Mescidde bir hareketlenme. O hareketlenme Medine sokaklarına kadar dağılır. Medine'de dalga dalga haykırışlar, Medine ayaklanır. Her biri ötekine; "Hamza'nın katili mescidde" der. Kılıcını alan mescide koşar. Mescid içindeki sahabe ayaklanır. Kılıçlar çekilir. Her bir sahabe Resulullah'ın gözlerinin içine bakar. O bakışlarda şu cümleler saklı; "Ey Allah'ın Resulü müsaade ver. Hamza'ya yaptığının bedelini ödetelim." Hz. Peygamber sadece Vahşi' ye bakar. Etrafında konuşulan sözlerle hiç ilgilenmez bile.

Hz. peygamber ona: "Anlat" der. "Anlat, Hamza'yı amcamı nasıl öldürdün?" Vahşi anlatır. Sanki Uhud'u görürmüş gibi mekân mekân o anı tarif edercesine anlatmaya başlar. "Hamza çok cesurdu. Hamza bir fırtınaydı. Hamza'nın bakışları bile titretiyordu. Hamza'ya yaklaşmak mümkün değildi. Onu uzaktan fırlattığım mızrakla öldürdüm" der. O bu sözleri söylerken Hz. Peygamber mübarek başını hafif hafif sallayarak dinliyor ve ağlıyordu. Vahşi sözünü bitirince Hz. Resul bir daha diyordu. "Amcamı nasıl öldürdün?". Vahşi bir daha anlatıyordu. Sözü bittiğinde Hz. Peygamber bir daha anlat diyordu... Resulullah ağlıyor, Medine ağlıyordu...

Ve Hz. Peygamber titreyen dudaklarıyla şöyle buyuruyordu; "İslamın kabulümüzdür. Lakin bana bir daha görünme. Seni gördükçe Hamza'nın o parçalanmış hali aklıma geliyor..." dedi ve ayağa kalktı. Sahabe koridorlar kurmuş yan yana dizilmişti. Ağır adımlarla gözyaşları içinde mescidden çıkıyordu. Önünde arkasında rahmet rüzgârları esiyordu. Yürürken ardı ardınca melekler kanatlarını çırpıyordu.

"Nasıl bir rahmetsen sen Ey Nebi,
Nasıl bir terbiye ile terbiyelendin sen Ey Nebi,
Yüreğine dokunan kılıçlara rağmen,
Nasıl merhametinle mukabele edebildin Ey Nebi."
Bu satırları yazarken bu mısralar döküldü dudağımdan. Daha ne söylenebilir ki? Amcasını şehit edene bile kapımız sana açıktır, diyen bir peygamberi hangi sözle tasvir edeyim?

Fransız şair Lamartine'nin söylediği gibi söylemekten başka ne söyleyebilirim ki;

"İnsan hangi kriterlerle ölçülürse ölçülsün, acaba Hz. Muhammed'den daha büyük bir insan bulunur mu?"

KULAĞIMI VE BURNUMU KESSELER

Büyük İslam hukukçusu imam Karafi der ki; "Hz. Peygamberin hiçbir mucizesi olmasaydı bile (ki onun mucizeleri anlatılamayacak kadar çoktur) yetiştirdiği ashabı onun peygamberliğini ispata yeter..." Maaşallah. Maaşallah. Ne kadar nezih bir söz. Ne kadar doğru bir ifade. Sizce de öyle değil mi?

Hz. Ömer gibi kınına sığmayan bir kılıcı kim tevhid sancağı önünde diz çöktürdü? Hz. Amr b. El-as gibi bir dehayı kim islam sancağı önünde diz çöktürdü?

Hz. Ebu Ubeyde b. Cerrah gibi her sözü bir senet olarak kabul edilen, her sözü emin olan bir sahabe kimin dergâhından çıktı?

Hz. Osman kimin dergâhında yetişti? O Osman[ra] ki "Ben Resulullah'la tokalaştıktan sonra bir daha asla sağ elimle edep yerime dokunmadım" diyor. Böylesine Resulullah'la bütünleşmiş, böylesine Resulün edebiyle edeplenmiş dünyadan fırkat etmiş bir sahabedir Hz. Osman...

Daha sayayım mı? Sahabe ikliminde gezin dolaşın şuna şahit olacaksınız ki; Her biri ayrı bir derya. Her biri ayrı bir cevher. Her biri dibi görünmeyen bir okyanus.

Hz. Ömer'in oğlu Abdullah[ra] Bakara Suresi'ni dört yılda ancak ezberlemiştir. Dört yılda. Bizler bütün Kuran'ı iki yılda ezberliyoruz. Hz. Abdullah gibi müthiş bir sahabe sadece Bakara Suresi'ni dört yılda ezberliyor.

Haşa biz daha mı zekiyiz onlardan? Fark nedir? Allah Resulünün cemaati öyle bir imana sahipti ki, okuduğu bir ayeti öğrenip, ihlasla amel edip, hayatında tatbik etmeden bir sonraki ayete geçmezlerdi. Onlar meleklerle mualaka edecek kadar dünyadan fırkat etmişlerdi. O nesil çok farklı bir nesildi.

Biz yüce Allah'ı dudaklarımızla zikrediyoruz. Onlar kalpleriyle zikrediyorlardı. Biz kalıbımızla namaz kılıyor, secde ediyoruz. Onlar kalpleriyle secde ediyorlardı. Onlar tarihin şeref levhalarıdır. Onlar önde gidenlerdir. Yeryüzüne gelen bütün muhaddisler, müfessirler, fakihler en darda kaldıklarında sahabenin isimlerini vesile kılıp, sahabe hürmetine Allah'tan necat (yardım) isterlerdi. Onlar ki Allah'ın katında hatırı olan sahabe-i kiramdı. Onlar, Hz. Muhammed'e(sav) gidilecek kapının eşiğiydi. İşte onlar o kadar büyüktüler. İşte böyle bir cemaati ancak Hz. Muhammed yetiştirebilirdi. Bu da Hz. Peygamber'in büyüklüğünü izah etmeye kâfi gelmez mi? Bir takım edipler, filozoflar bir araya gelse bir tane Hz. Ömer fıtratında ve ahlakında bir insanı yetiştirebilmesi mümkün mü? Elbette ki mümkün değil. Hz. Ömer olmak için, Muhammed Mustafa'yı(sav) görmek gerekiyor. Görmek yetmiyor, dokunmak gerekiyor. Dokunacaksın ki onun rahmetini zerrelerinde hissedesin...

İşte onun(sav) dergâhından çıkan büyüklerden bir büyük Hz. Abdullah b. Cahş(ra). O Hz. Peygamberin halasının oğlu idi. O da Uhud'a giden ordunun içindeydi. Rahmet adına yürünen hangi yol varsa Hz. Abdullah b. Cahş oradadır. Şehadet aşkı ile yananlardandı. İlahi kelimetullah için kılıcını sallamak istiyordu. Hayır. Hayır. Salladığı kılıç adedince kılıç darbesi yemeyi istiyordu. Gelin onun fazilet kokan arzularını bizzat onun mübarek dudaklarından dökülen sözlerle dinleyelim.

Hz. Peygamber'in dayısı Hz. Sa'd b. Ebi Vakkas anlatıyor. Uhud öncesiydi. Abdullah İbni Cahş'la karşılaştım. Onun yanına gittim. Çok heyecanlıydı. Yüzünde bir tebessüm vardı. Bana şöyle dedi; "Ey Resulullah'ın dayısı. Senin Allah katında bir kıymetin var. Senin yaptığın her dua kabul olur. İsterim ki, seninle karşılıklı dua edelim." Bu sözler çok mutlu etmişti beni. Ne kadar hayırlı bir insan. Dualaşmak istiyordu. Ben de ona icabet ettim. Ben duama başladım ki, şöyle dedim; "Ya Rabbi! Uhud'da düşmanla karşılaştığımızda, beni zor ve intikamı şiddetli bir düşmanla karşılaştır. Onunla savaşayım. Bana yardımcı ol ki ben de düşmanıma galip çıkayım."

Göz ucumla İbn Cahş'a baktım. Gözlerinde nem vardı, yapmış olduğum dua onu etkilemişti. Bana gülümsedi ve; "Ey Resulullah'ın dayısı bu ne güzel bir dua böyle", dedi ve "hadi şimdi duama âmin de" dedi. Duası şuydu; "Ya Rabbi yarın düşmanla karşı karşıya geleceğiz. Beni sert bir savaşçı ile karşılaştır. Onunla savaşayım. Beni öldürsün. Senin Resulünün yanında şehit olayım. Şehit olmuş cesedime müsle yapsın. Kulağımı ve burnumu kessin. Allahım... Ey Rabbim... Ben mahşere geldiğimde sen bana Lütfedip sorsan 'Abdullah kulum nerede senin burnun ve kulağın?' desen. Ben de müsaade buyurduğunda desem ki; 'Ya Rabbi ben onları Uhud'da bıraktım.'"

Hz. Sa'd. b. Ebi Vakkas diyor ki; Hz. Abdullah b. Cahş'ın duası benim duamdan çok daha hayırlıydı. Harbin sonunda onu gördüm. Ne eksik ne fazlaydı. Nasıl dua ettiyse onu bulmuştu. Onu gördüm, yerde sere serpe uzanmıştı... Kulaksız ve burunsuzdu...

Ey Resulullah'ın mücahidlerinden bir mücahid. Ey Resulullah'ın kahramanlarından bir kahraman. Sana yakışan buydu. Tıpkı dayın Hz. Hamza[ra] gibi mert bir adamdın. Tıpkı dayın gibi Medine'ye dönmemek üzere Uhud'a gelmiştin.

Şehit olduğunda 40 yaşındaydı. Gözleri semalara, en yüce zata bakar gibiydi. Allah'ın Resulü onun bu halini görünce gözyaşları dökecek ve şöyle buyuracaktı; "Abdullah b. Cahş'ı dayısı Hazma ile aynı mezara indirin..."

Şüphesiz ki bu mübarek sahabe Yüce Allah'ın şahit tuttuğu şu kimseler arasındadır;

"Müminler içinde Allah'a verdikleri sözde duran nice kimseler vardır. İşte onlardan kimi sözünü yerine getirip o yolda canını vermiştir. Kimi de (şehitliği) beklemektedir. Onlar hiçbir şekilde (sözlerini) değiştirmediler.

SONA ERMEYEN KOKULAR

YİĞİT KADIN ÜMMÜ UMARE

Tarihçiler, tabakat sahipleri onu "cerrah kahraman" diyerek tasvir etmişlerdir. Kimisi ona, "Uhud'da Resulü yalnız bırakmayan yiğit kadın" demiştir. Uhud'da onun yaptığı yiğitliği duyan, tanıyan, Ümmü Umare'yi anlattıkça anlatıyordu.

Ümmü Umare kendisi anlatıyor;

"Harbin seyri devam ederken, insanların durumunu gözetiyordum. Elimde bir su kırbası, bir o yana bir bu yana susayan müminleri serinletiyordum. O an fark ettim ki Allah Resulü müşrikler tarafından çembere alınmıştı. Fırladım yerimden. Kılıcımla müşriklerin arasına girdim ve Hz. Resulullah'ın etrafında odaklanan müşrikleri bir anlık dağıttım. Bu sırada derin bir yara almıştım."

Sonraları sorarlar kendilerine bu yara nasıl oldu diye. O, şöyle anlatır;

"Bu yarayı Allah'ın düşmanı İbn Kamia yaptı. Uhud'da bağırıyordu; 'Bana Hz. Muhammed'i gösterin. O kurtulursa ben kurtulmayayım' diyordu. Bu adam bela gibiydi. Resulullah'a zarar vermeye yeminliydi. Endişe duyduk bu adamın şer gibi gelişinden. Resulullah'ın önünde çember oluşturduk. Sahabeden Hz. Musab b. Umeyr ve ensarın gençleri vardı. Müşriklerin manevraları sonuç alamıyordu. Öyle ki, Allah Resulüne kimseyi yaklaştırmadık. Sebat gösterdik. Hz. Peygamberi onlardan uzaklaştırıp arkamıza doğru aldık. Resulullah'a yaklaşamayınca İbni Kamia kılıcını bana vurdu. Hz. Mus'ab ve arkadaşları ona müsaade etmedi. Bir adım daha yanaşamadı Resulullah'a... Ben de o an içinde kılıcımla defalarca ona vurdum fayda vermedi. Allah ve resulünün düşmanının üzerinde iki kat zırh vardı."

Ümmü Umare'nin mücahid oğlu Hz. Ubeyd bin Zeyd ağır yaralıydı. O da Resulullah'a doğru uzanan kılıçlardan nasibini almıştı. O da Resulullah'ı müdafaa ederken yorgun düşenlerdendi. Öyle ki, aldığı darbelerden kan kaybediyordu.

Ubeyd[ra] yerde yaralıydı. Fahr-i kâinat[sav] bir ara onunla göz göze geldi. Annesi Ümmü Umare ise Hz. Resulullah'ın yanında çember kuranlardan biriydi. Annesi oğlunun halini görüyordu. Farkındaydı. Ama onun duracak, duraksayacak vakti yoktu. Müşrikler, gruplar halinde çemberi aşıp Resulullah'a ulaşmaya çalışıyordu. Bunun farkında olan Ümmü Umare bir göz açıp kapayıncaya kadar yerinden ayrılmıyordu.

Hz. Resulullah bu duruma dayanamadı daha fazla, Ümmü Umareye seslendi; "Oğlun Ubeyd kan kaybediyor. Git onun yarası ile ilgilen" böyle buyurdular. Hz. Resulullah'ın emriyle oğlunun yanına koştu. Yarasını tülbentle tedavi etti. Yarasını sardı. Oğlunun mahzun haline bakıp gözyaşı döktü. Sonra bir de müşriklerin kılıcı altında kalan Allah'ın Resulüne baktı. Sonra oğluna hayıflanarak; "oğlum kalk ayağa" dedi. "Allah'ın Resulü kılıçların arasındayken oturmak yaraşır mı hiç" dedi.

Olan bitene herkes şahit oluyordu. Gözleri dolu dolu Allah'ın Resulü şöyle buyuruyordu; "Ümmü Umare'nin yaptığına kim güç yetirebilir?"

Bir süre sonra oğlunu yaralayan müşrikle karşılaştığında Ümmü Umare validemiz kılıcı öyle bir vurdu ki, müşriğin bacağı işlevsiz hale geldi. Müşrik toprağa kapaklandı. Hz. Peygamber hafif bir tebessümle şöyle buyurdu; "Allah'a hamd olsun ki, seni düşmanına muzaffer kılıp, gözünü aydın etti. İntikamını almayı sana gözünle gösterdi."

Ümmü Ümare Uhud'da onüç yara almıştı.

KİM KATADE BİN NUMAN GİBİ OLABİLİR?

Resulullah'ın önünde diz çökmüş halde müşriklere ok atıyordu. Onun attığı oklar, gökten inen yağmur şiddeti gibiydi. Çok mahir bir okçuydu. Süratlice yayı çekiyor, sonra bir daha, sonra bir daha... Hiç olmaması gereken bir şey oldu. Hz. Katade'nin elindeki yay kırıldı. Kırılan yayları sabitlemeye çalışıyordu. Ama olmuyordu. Kullanışsız hale gelmişti. Mübarek başını bir ara müşriklere doğru kaldırdı. İşte o an duraksadı. Bir müşrik okunu hedefe sabitlemişti. Hedef Resulullah idi(sav). Yerinden aniden fırladı. Kılıcını çekip müşriğe doğru yürümesi zaman kaybıydı. Hedefte olan Allah'ın Resulünü koruması gerekiyordu. O an yapabileceği tek bir şey vardı... O okun Resulullah'a zarar vermemesi için yapabileceği tek bir şey vardı. Durmuyor, duraksamıyor, ani bir adımla Resulullah'ın önüne geçiyordu.

Kâbe'nin Rabbine yemin olsun ki tereddüt yaşamadan kendini Resulullah'a feda etti. Müşriğin yayından çıkan ok Hz. Katade'nin gözlerini kör etti. Hz. Peygamber'in(sav) mübarek kucağına yıkıldı. Kabirin, berzahın ve daha da ötesi mahşerin sultanı Hz. Muhammed Mustafa(sav) derinden sarsılıyordu. Mübarek sakalları ıslanıyor, Allah'ın Resulü(sav) ağlıyordu. Hz. Katade en sevdiğinin kolları arasında en sevdiğinin şefkatli yüreği arasındaydı. Hz. Peygamber⁽ˢᵃᵛ⁾ Katade'nin yere düşen göz bebeğini alıyor, yerine yavaşça koyuyordu. Bir yandan da ellerini semaya kaldırıyor: "Yarabbi, Katade'ye merhamet et" buyuruyor Allah'tan şifa diliyordu. Hz. Katade'nin hiçbir acısı kalmıyordu.

KURBANIN OLAYIM MİĞFERİNİZİ BANA VERİN

Uhud adeta rahmette yarışanların günüydü. Uhud vefa günüydü. Uhud sevgili uğruna bedel ödenen gündü. Uhud bir benzerine daha rastlanılmamış bir gündü.

Harbin en kızıştığı anlardan bir andır. Tozlar havada uçuşuyor, müşrikler Allah'ın Resulünün bulunduğu bölgeyi ok yağmuruna tutuyorlar. Çok çetin bir andı. Allah'ın Resulü o gün mübarek başına sarı renkli bir miğfer takmıştı. Müşrikler bunu biliyorlar oklarını sarı renkli miğfere dokundurmaya çalışıyorlardı. Allah Resulünün yanı başında elinde kılıçla kâh öne kâh arkaya doğru seğirtip fırtına gibi esip manevralar yapan büyük bir mücahid vardı. O mücahid bir an olsun Resulullah'ı yalnız bırakmıyordu. O mücahid Hz. Ka'b b. Malik'ti. Hz. Peygamberin mübarek başındaki sarı miğferden dolayı açık hedef olduğunu farkedince Ka'b⁽ʳᵃ⁾ yanına yanaşıp ısrarla şöyle diyordu; "Babam anam sana feda olsun. Kurbanın olayım başınızdaki miğferi bana verin. Ben de başımdaki miğferi size vereyim. Lütfederseniz böyle yapalım. Böylece müşriklerin okları bana yönelir." Uhud günü Hz. Ka'b b. Malik tam 11 yara almıştı. Aldığı yaraların sebebi o sarı miğferi takmış olmasından kaynaklanıyordu. Belki de... Belki de o miğferi takıp aldığı her yara adedince Allah'ın katında makamı daha da artıyordu. Neden olmasın ki? Kaç yürek o miğferi başına takacak cesarette olabilirdi? İşte Hz. Muhammed'i⁽ˢᵃᵛ⁾ sevmenin bedeli bu... Söz konusu Hz. Peygamber olunca dostları onu koruma noktasında tereddüt yaşamazlardı. Sahabe-i kiram işte bu kadar cesurdu. Kim onlara denk olabilir?

TOPAL AYAĞINA RAĞMEN

Ensardan Selimoğulları'nın reisiydi. Herkesçe tanınır, sevilirdi. Adı vardı namı vardı. Yaşı bir hayli ilerlemişti, fikir danışılan bir mercii gibiydi. O Hz. Amr b. Cemuh'tu. Topaldı. Bir ayağı tamamen sakattı. Uhud günü kapıya dayandığında o da 4 çocuğu gibi harbe iştirak etmeyi istiyordu. Fakat evlatları buna müsaade etmiyor, bu halinle harbe katılman mümkün değil diyorlardı.

Babalarına; "Aziz ve yüce olan Allah senin özrünü kabul ediyor" dediler. Bu sözler nahif kalbini incitti. Çareyi Resulullah'ta buldu. Yanaştı. Hz. Peygamber'e şöyle dedi; "Oğullarım Uhud'a gelmemden beni alıkoyuyorlar. Seninle harbe çıkmamı istemiyorlar. Allah'a yemin olsun ki ben, bu topallığımla cennete gitmek istiyorum."

Allah'ın Resulü⁽ˢᵃᵛ⁾ dostuyla dertleşiyordu. Dostunun yüreğinde esen fırtınayı anlıyordu. Kalplerin sarrafı olan Hz. Peygamber onu tezkiye ediyordu. Şöyle buyuruyordu; "Amr! Allah seni mazur görüyor. Senin cihada çıkmana gerek yok. Sen bununla hükümlü değilsin."

Hz. Amr... Adeta Allah Resulünün mübarek gözlerinde kaybolur gibiydi... Sanki... Sanki nefesini tutmuş ikinci bir emri Allah Resulü verir mi diye heyecanla bakıyordu. Bir yandan da ağlıyordu. Hz. Peygamber onun bu haline dayanamayıp Amr b.

Cemuh'un oğullarına şöyle buyuracaktı; "Ona engel olmayın. Ona dokunmayın da. Herhalde Allah ona şehitlik nasip edecek." Hz. Amr b. Cemuh... Cömert sahabi. Fedakâr sahabi. Resulullah'ın(sav) her evliliğinde sevgi ve hürmetinden düğün yemekleri veren sahabe. Maksadına varan sahabe. Takvasıyla ihlasıyla makamını yücelten sahabe. Uhud'un sonunda Allah'ın Resulü şehit olan Hz. Amr b. Cemuh için şu sözleri söyleyecekti. Bu bir peygamberin şehadetidir. Bu, bir peygamberin müjdesidir. Bu bir peygamberin dostuna vedasıdır. Şöyle buyuracaktı Allah Resulü: "Ben Amr'ı şu an görür gibiyim. O, topal ayağıyla sağlam bir şekilde cennete yürüyor."

YANAĞI RESULULLAH'IN MÜBAREK AYAKLARINDAYKEN

Harbin en çetin geçen anlarıydı. Bir ara müşrikler iyice Müslümanları bunalttı. Müslümanların en fazla şehit verdiği andı. Durumu fırsat bilen müşrikler Resulullah'a hücum ediyordu. Hz. Peygamberi çok bunalttıkları belli ki şöyle seslendi sahabesine; "Kim bizim için Allah yolunda canını feda eder?" Bir anlık Resulullah'ın etrafından uzak kalanlar, Allah'ın yardımıyla engelleri aşıp Resulullah'a koştular. Önünde etten, muhabbetten duvar örüyorlardı. Ona bir zarar gelmesini ona bir habisin kınından çıkan bir kılıç dokunmasın diye serden geçiyorlardı. Hz. Mahmut b. Amr anlatıyor; "Ziyad b. Seken ve ensardan 5 yiğit öne atıldı. Mualaka yapıp yeminleştiler. Rasulullah'ın yanından ne olursa olsun ayrılmayacağız" dediler. Nasıl bir sevgi Ya Rabbi! Nasıl bir iman ya Rabbi...

Sahabe yeminleşiyor. Ona nefes aldığımız müddetçe zarar gelirse yeryüzünde nasıl gezeriz? Yarın mahşerde Allah'a nasıl hesap veririz? Sanki bunu anlatmaya çalışıyorlardı. Her biri canını ortaya koymak için adeta yarışıyordu.

Ve... Ve... Hz. Ziyad yerdedir. Son anlarını yaşamaktadır. Ok ve mızrak yaraları onu perişan etmiştir. Vücudunda yara olmayan bölge yoktu. Ama bu böyledir. Resulullah harpte korumanın bir bedeli vardır. Sahabe-i kiram onlarca müşriğin kılıcına maruz kalacağını bile bile bu bedele katlanıyorlardı. Sevmenin bir bedeli var çünkü. Resulullah'ı korumanın bedeli buydu.

Hz. Peygamber gözyaşları içindedir. Hz. Ziyad'ı işaret eder. Sahabesine "onu bana yaklaştırın" buyurur. Ziyad b. Seken'in yanağı Allah'ın Resulünün mübarek ayakları üzerinde olduğu halde ruhunu refik-i alaya teslim eder. Allah kime nasip etmiş ki başka? Yanağı Hz. Peygamberin mübarek ayaklarına dokunarak son nefesi vermeyi... İşte Resulullah için ölümü göze alana dünyada verilecek mükâfat budur. Mahşerde alacağı mükâfatı kim ihata edebilir (kavrayabilir)?

MUHAREBELERİN KAHRAMANI: HZ ALİ(RA)

Allah'u Teâlâ bizi ona layık eylesin. Bizi Ehl-i Beyt ile mahşerde bir araya getirsin inşallah. Anlatıyordu Hz. Ali;

"Bir ara Allah'ın Resulü gözlerimin önünden kayboldu. Etrafa bakındım lakin bulamadım. Şehitlerin bulunduğu yere gittim orada da yoktu. Kendi kendime Resulullah'ın savaştan kaçması mümkün değildir. Bu demek oluyor ki, Allah'u Teâlâ bizim yanlış amellerimizden dolayı bize darılmış ve fahr-i kâinatı göğe kaldırmıştır. O halde kılıcımı çekeyim kâfirleri ağlatana kadar savaşayım. Ta ki ben şehit olayım. Bundan daha hayırlı bir yol yoktur dedim.

Öylesine kılıcımı sert kullanıyordum ki beni gören müşrikler dağılıyordu. İşte o an Allah Resulü ile göz göze geldim. Onu görünce çok sevinmiştim. Belli ki o da beni gördüğü için mutluydu ki yüzünde tebessüm vardı.

Anladım ki onu göremediğim anlarda Allah⁽ᶜᶜ⁾ peygamberini melekler ile muhafaza etmişti. Kalabalık bir ordu Resulullah'a yönelince Hz. Peygamber bana 'Ali onları durdur' buyurdular. Ben tek başıma onların hakkından geldim. Hiçbiri beni aşıp Hz. Resulullah'a yaklaşamadı. Bu hal birkaç kez vuku buldu. "Allahu Teala Hz. Ali efendimizin şefaatinden bizi mahrum eylemesin. Uhud'da gösterdiği şecaati sebebiyle Hz. Cebrail Resulullah'a gelip onu övdü. Allah'ın Resulü tebessüm edip Cebrail'e mukabele ederek şöyle buyurdu; "İnnehu minni ve ena minhu" şüphesiz Ali bendendir, ben de Ali'denim. (Bu söz beraberliğin en yüksek haline işaretti) Bu söz üzerine Cebrail⁽ᵃˢ⁾ de "ve ena minkum; ben de ikinizdenim" buyurur. Anlattığım bu hadise merhum hadis âlimi Zekeriyya Kandehlevinin⁽ʳᵃ⁾ Hikayet'üs-sahabe adlı kitabındandır.

GÜZELLİĞİ YUSUF⁽ᴬˢ⁾ KADAR GÜZELDİ

Asıl ismi Osman'dı. Güneş gibi parlayan güzel yüzünden dolayı ona Şemmas deniliyordu. Hz. Şemmas'ın, Hz. Cerir b. Abdullah el-beceli gibi Hz. Musab b. Umeyr gibi kendisine has bir güzelliği vardı. Onlar Hz. Peygamberin mübarek yüzünü izledikçe güzellikleri artıyordu. Allah Resulünün mübarek nuru onların simasına dalga dalga dağılıyordu. Onunla⁽ˢᵃᵛ⁾ güzelleşiyorlardı.

Hz. Şemmas Uhud'un en ağır anında (rivayete göre Hz. Peygamberin aldığı yaralardan fenalaştığı durumda) Allah Resulünün yanında sebat gösterdi. Öyle ki, Resulullah'ı kılıcı ile koruyamayacağını anlayınca atılan ok ve mızrapların geldiği yöne doğru koştu. Hz. Peygamberin bu kadar zulme maruz kalması Hz. Şemmas'ın⁽ʳᵃ⁾ ruh iklimini derinden sarstı. Yüreğinde depremler oluştu adeta. Kılıcını artık bırakmış, sadece Resulullah'ın önünde kalkan oldu. Kalkan görevini üstlendi. Demek ki öyle çetin bir an gelmiş ki, Resulullah'ı korumanın çaresini böyle yapmakta bulmuştu. Kendi namıma konuşuyorum "ayağının altına kurban olayım isterdim..." Hz. Şemmas... Güzelliği Hz. Yusuf'u andıran Hz. Şemmas... Vücudu paramparça olmuştu. Hz. Resulullah'ın sözü ne kadar manidar... Şöyle buyurdu: "Şemmas'ın yaptığına karşılık cennetten başka bir şey bulamadım." Hz. Peygamber onun yiğitliğini şöylede anlatıyordu; "O gün Şemmas kendini bana siper etti. Vücudunu benim için kalkan gibi kullandı. Sağa döndüğümde sağımda o vardı, sola döndüğümde Şemmas oradaydı."

Bu anlattığımız hadise Vakidi'nin Kitabü'l Meğazisindendi. Hz. Şemmas şehit olduğunda henüz otuzdört yaşında bir delikanlıydı. Allah, bizi onların şefaatinden mahrum eylemesin.

YA RESULALLAH! OĞLUMU ÇOK ÖZLÜYORUM

Onun adı Hz. Sa'd b. Hayseme. Yaptığı hizmetlerle Allah Resulünün ve sahabenin gözünde çok kıymetli bir yeri vardı. Bedir'e çıkılacağı gün babası Hz. Hayseme ile kura çekmek zorunda kalırlar. Çünkü evin iki erkeği vardı. Birisi harbe giderken öteki hanımlara ve çocuklara sahip çıkacaktı. Kura sonucu Hz. Sa'd Bedir'e gider.

Bedir'e katılan hiçbir sahabeye cehennem ateşi dokunmayacak şeklinde İmam Müslim'in sahabeden bir zattan naklettiği hadis-i şerif maruftur. Ehl-i sünnet uleması Bedir ashabının Yüce Allah'ın katındaki kadru kıymetini anlatırken derler ki; Allah'a yalvarırken Bedir ashabının ismiyle tevessül edin (Bedire katılanlar hürmetine Allahtan yardım dileyin.). Çünkü Allah ⁽ᶜᶜ⁾ bedir ashabının ismiyle yalvaranların duasını reddetmez. Bedir ashabı o kadar kıymetlidir.

Allah'a hamd olsun ki bu mütevazı kitabımda Bedir'de şehit düşen Hz. Sa'd b. Hayseme'nin ismi zikredildi. Bu tarif edemeyeceğim bir mutluluk. Bize şeref olarak bu yeter. Onların isimlerini bile ezbere bilen bir mü'mine bereketen bu bile yeter. Onlar o kadar Allah ve Resulünün yanında kıymetli insanlardır. Allah bizi mahşerde onlarla bir araya getirsin.

Evet... İşte böyle... Vuslatı arzu eden bir baba var. Bedir'de şehit düşen oğluna hasret olan bir baba var. Onlar ki, ölümü sevgiliye kavuşmada bir köprü gibi görürlerdi. Allah Resulünden önce vefat edip sofra hazırlamayı istiyorlardı. Sanki biz önce gidelim, daha sonra Allah Resulü teşrif etsin diyorlardı. Sanki böyle düşünüyorlardı.

Uhud'a gidileceği zaman Hz. Sa'd'ın⁽ʳᵃ⁾ babası Hz. Hayseme b. Haris Hz. Peygambere gidip diyecek ki "Çok istememe rağmen Bedir'e gidip şehit olamadım. Oğlumla kura çektik. Oğluma Bedir'e gitmek nasip oldu. Oğlum Bedir'de arzusuna kavuştu, şehit oldu. Ey Allah'ın Resulü! Rüyamda oğlumu cennet ırmaklarında gezerken gördüm. Bana gülümsüyordu. Şöyle diyordu; "Hadi artık baba, cennete arkadaşım ol, bana katıl. Rabbimin bana vaad ettiği hakikati buldum"

"Ya Resulullah, vallahi oğulum çok özlüyorum. Yaşım ilerledi, kemiklerim inceldi. Artık rabbime kavuşayım. Ey Allah'ın resulü, şehit olup oğluma cennette arkadaşlık etmem için Allah'a dua buyur."

Acaba cennetin hangi kapısı: Ey Hayseme gel benim kapımdan içeri gir, demiştir? Şunu biliyorum ki baba ve oğul, Hz. Muhammed'in⁽ˢᵃᵛ⁾ iftihar ettiği kişilerdi. Allah onlardan razı, onlar Allah'tan razı... Uhud'un şehidi Hz. Hayseme.. İnanıyorum ki onlara olan muhabbetimiz hürmetine bize şefaat edeceklerdir Uhud'un büyükleri.

RESULULLAH'IN FEDAİSİ

Onun faziletini ispat eden lakapları vardı. El Feyyaz, El Cud. Bu, onun lakaplarından bir ikisi sadece. Bu lakapların manası cömert demek. Ona bu lakapları veren kim biliyor musunuz? Ona bu üstün vasıfları veren Hz. Muhammed'di⁽ˢᵃᵛ⁾. O kadar ikram etmekle meşhur olmuştu ki, ikram etmek manasına gelen "Talha" kendisine ad ve künye olmuştu. Evet, şuan beyaz kâğıda nurlu bir ismin adını yazıyorum. Bu kâğıt kadar temiz ve nezih bir zattı. O, Hz. Talha bin Ubeydullah'tır. Hz. Peygamberin⁽ˢᵃᵛ⁾ bacanağı olma şerefini elde eden izzet ve kerem sahibi olan büyük sahabilerdendir.

O, Uhud'un en büyük kahramanlarındandır. Hz. Ebubekir'in şehadet ettiği kavliyle (sözüyle) Uhud demek Talha demektir. Biz şuan Uhud'da en büyük izleri bırakmış olan büyük bir mücahidin kahramanlıklarını yazmakla meşgulüz. Zaman utanır, mekân utanır her şey dona kalır. Onun adı anılırken kuşlar bile kanat çırpmaz, rüzgâr bile edebinden esemez. Her şey onun adı için sükûnet bulur. O istisnasız Hz. Peygamber'in yanında harplerde, bir an bile yanından ayrılmayan 4-5 kişiden biri. Hz. Ebubekir, Hz. Ömer, Hz. Ali, Hz. Sa'd bin ebi-Vakkas ve Hz.

Talha b. Ubeydullah ismini terennüm ettiğim bu insanlar Hz. Peygamber'i başlarına dünya da yıkılsa, harpte asla bir an olsun yalnız bırakmayanlardır.

Şimdi Hz. Talha'nın eşsiz kahramanlılarını hatırlayalım. Onun şecaatinden ibret alalım. O, kasem olsun Allaha tek başına Resulullah'ı koruyan bir orduya bedel çok mahir bir askerdi. Resulullah'ın yaralandığı dakikalarda tek başına müthiş manevralar yapıp, Hz. Peygamber'in çevresinde eksen çizip bütün müşrikleri dağıttı. Çünkü Talha'nın(ra) kılıcından sıyrılmak mümkün değildi. Öyle bir an geldi ki Hz. Talha ile başa çıkamadı müşrikler. Resulullah'a zarar vermenin çaresini ok atmakta buldular. Malik b. Zübeyr denen bir müşrik ok attı. Hz. Talha b. Ubeydullah kendine yakışanı yaptı. Ok Resulullah'ın mübarek yüzüne dokunmasın diye gelen oku eliyle durdurdu. Bu nedenle eli çolak kaldı. Daha sonraları kesilen bu eliyle iftihar duyacak, işte bu elim Uhud'da Resulullah'a gelen oku durdurdu, diyecekti.

Bir an sarsıldı. Canı yanıyordu. Fakat yeminliydi. Her ne olursa olsun Resulullah'ı bırakmayacaktı. Şeybe b. Malik denen bir habis, atı üzerinde hızlıca gelirken; "Bana Muhammed'i gösterin" diyordu. Milim kalmıştı Resulullah'a yaklaşmasına. Hz. Talha b. Ubeydullah kesilen sol eline rağmen diğer elindeki kılıcı bu habis ruhlu müşriğin atının bacağına öyle bir vurdu ki, at yere kapaklandı. Müşrik sağa sola yalpa yaparken ikinci kez kılıcını kaldırdı, habis ruhlu müşrik oracıkta öldü. Kalabalık bir müşrik grubunun içinden Hz. Peygamberi çıkarırken Hz. Talha'nın başını yardılar. Öyle ki, bütün yüzü kan içinde kaldı. Hz. Ebubekir gözyaşları içinde onu ayıltıncaya kadar başında bekledi. Vücuduna su dökerek hararetini kesti. Hz. Talha kendine geldiğinde ilk sözü "Resulullah nerede? Ne durumda?" oldu. Resulullah'ın selamette olduğunu duyunca Allah'a hamd etti ve başından akan kanlara rağmen kılıcını aldı. Resulullah'a koştu.

Resulullah'a vardığında Uhud'da bir kayaya doğru yürüyordu. Lakin çok halsizdi. Resulullah çok yorgun düşmüştü. Üzerindeki zırhın ağırlığından kayaya çıkmakta zorlanıyordu.

Hemen Hz. Talha namazda rükû eder gibi Resulullah'ın yanında eğildi. Allah Resulü onun sırtına çıkıp kayaya oturdu. Hz. Peygamber onu izledi. Eline baktı. Başından akan kana baktı. Ve... Ve... Allah Resulünün mübarek dudağından bir cümle döküldü. O cümleyi nakletmeden önce Seyyid Hüseyn'in Salahu'l Umme adlı eserinde Hz. Talha'nın yapmış olduğu bir hadise var ki onu nakletmeyi istiyorum.

Hz. Talha Resulullah'ı savunurken ayağından da yara almıştı. Topallamaya başladı. Resulullah'ı sırtına alıp kayaya çıkarmaya çalışırken topallamamak için gayret gösterdi. Edebinden dolayı. Bu durum Resulullah'ı mahzun etmesin diye. Onun bu muhteşem edep ve saygısına mütekabil Allah da onun ayağındaki aksaklığı anında geçirdi. Evet... İşte böyle. Böylesine Resulullah'a vurgundu. Şimdi bu hadiseyi naklettiğimize göre Allah Resulünün onun hakkındaki hadisi şerifi aktaralım. Şöyle buyurdu fahr-i kâinat; "Talha Allah'ın Resulü için yapması gerekeni yaptı. Kim dünyada yürüyen cennetlik birini görmek istiyorsa Talha b. Ubeydullah'a baksın."

Uhud'da tam 59 yara almıştı Allah Resulü'nu korurken.

ZOR ZAMANLARIN ADAMI

Zor zamanların adamı. Onu ancak bu sözlerle tanımlayabiliriz. O çünkü Hz. Peygamber'le[(sav)] bütün gazvelere katılmıştı. Tabiri caizse Hz. Peygamber'le et ve tırnak gibiydiler. Adım adım

Allah Resulü' nü takip ediyordu. İmam Zehebi siyerinde onu şöyle tanıtır; "O Resulullah'ın havarisi ve halasının oğludur. Cennetle müjdelenen bahtiyar kişilerdendir. Cesareti ile bilinirdi. Boyu çok uzundu. Bineğine binince mübarek ayakları yere kadar değerdi."
Onun mertebesini ve sahip olduğu makamı Hz. Resulullah şöyle ifade ediyor; "Her peygamberin havarisi vardır. Benim havarim Zübeyr b. Avvam'dır." Evet, o Zübeyr işte... Allah Resulünü esen rüzgardan sakınan Zübeyr[ra]...

O çok cesurdu. Yermuk günü düşmanlarının belini kıran adamdır. Öyle ki İbn Kesir El-Bidayesi'nde der ki; "onun Müslüman ordusunda yer alıyor olması Rum ordusunu sarsmaya yetmişti. İsmi bütün beldelerde nam salmıştı. Yermuk günü tek başına Rum ordusunun saflarını baştan sona 2 kez yarmıştı."

Uhud'da habis ruhlu bir müşrik kıyasıya harp ediyordu. Müslümanlara çok zarar veriyordu. Belli ki vermeye de devam edecekti. Birinin buna engel olması gerekiyordu. Hz. Peygamber mübarek gözleri ile bu adamı süzdü. Müşahade etti. Daha sonra Zübeyr b. Avvam'a seslendi. Şöyle buyurdu; "Kalk Ey Zübeyr! Şu adamın hakkından gel." Harp sahasında çalım atarak Müslümanlara meydan okuyan bu adam Zübeyr'in[ra] kılıcı karşısında mum gibi eriyecekti. Hz. Zübeyr onu bir hamlede öldürecekti. Bir şahin gibi bakıyordu müşriklerin safına. Daha sonra ağır adımlarla Resulullah'ın yanına dönecek ve Hz. Peygamberin yanında rüzgâr gibi esmeye devam edecekti... Zor zamanların adamı.

ALLAH RESULÜ ONU ÇOK SEVİYORDU

Hz. Aişe annemiz anlatıyor; Zifiri karanlığın çöktüğü bir gece yarısı Allah Resulünü uykusu tutmadı. Sanki bir şeyler düşünüyor gibiydi, tedirgin bir hali vardı. Birden bire şöyle buyurdu; "Keşke ashabımdan salih birisi bu gece kapımın önünde bulunsa." Hz. Aişe devam ediyor anlatmaya; "Birden bire bir kılıç şakırtısı duyduk. Resulullah(sav) 'kim o?' diye sorunca kapının önündeki cevap verdi; 'Ey Allah'ın Resulü, anam babam sana feda olsun. Ben Sa'd b. Ebi Vakkas'ım. Kapınızda nöbet tutmak için geldim. Siz istirahate çekiliniz.'"

Hz. Peygamber'in kapısında nöbet tutan zat, Hz. Peygamber'in dayısıdır. Biz şu an Resulullah'ın dayısı ile baş başayız. Biz şuan cennetle müjdelenmiş olan bir sahabinin hayatı ile hasbihal ediyoruz. O bir harp dehasıdır. O büyük bir komutan, eşsiz bir mücahittir. O Kadisiyye harbinin kahramanıdır. O medainin fatihidir. Ve gene o Mecusilerin taptığı ateşi ebediyen söndüren kişidir. Kınına sığmayan bir kılıç, düşen askere vurmayacak kadar da asil bir adamdı. Bin süvariye bedel adam. Hakkında ayet-i kerimeler inen adam. Müslümanlara şefkat ve merhamette anne gibi davranan adam. Tevazuyu, edebi ve alçak gönüllülüğü kendine şiar edinen adam.

Onun hayatını okuduğunuzda karakterinin Hz. Ömer'e çok benzediğini müşahede edersiniz. Hz. Sa'd b. Ebi Vakkas tıpkı Hz. Ömer(ra) gibi Müslümanlara rahmet ve merhamet nazarıyla bakıyor, ama Allah'ın kitabına düşmanlık edenlere son derece dik başlı olup, meydan okurken hiçbir hesap yapmayıp düşmanlarını dize getiriyordu. Kâfirlere karşı çok celalliydi. Onun ne kadar mahir bir komutan olduğu kadisiyye savaşında görülmüştür. Mü'minlere karşı ise son derece yumuşak başlı idi.

O; yüreğinde hiçbir mümine kin, haset ve buğz etmeyen yüce ahlakı ile tanınan, bilinen ve parmakla gösterilen kişiliğe sahipti. Bütün bu üstün vasıfları kendinde cem ettiği için Allah'ın Resulü onunla övünüyordu. Şöyle ki; sahabeden Hz. Cabir der ki; "Resulullah'ın huzurunda oturduğumuz bir ara Sa'd b. Ebi Vakkas gelmişti. Onu gören Allah Resulü; 'bu benim dayım olur. Hadi bakalım siz de gösterin dayınızı' buyurdular."

Barekallah... Barekallah... Allah onu mübarek kılsın. Bu ne azim bir makam. Bu ne büyük bir şeref. Lütufa bakar mısınız? Allah Resulünün dayısı oluyor. Bununla da kalmayıp üstün amel ve Resulullah'a olan sevdasından, Allah Resulü onunla övünüp; 'bu benim dayımdır' buyuruyor.

Yüce Allah (cc) bu sevgi hatırına bizlere de merhamet etsin.

MELEKLERİN BİLE MATEME BÜRÜNDÜĞÜ AN

Ve... Ve... İşte kalemin bile yazmaya utandığı an. Yüreği burkup, yüreklerimizi acıtan an. Uhud'da yaşanan en ağır hadise. Sevgililer sevgilisi Hz. Muhammed'in(sav) naif vücudunu acıtan hadise.

Hz. Resulullah'a yapılan hamlelerden birinde Hz. Sa'd b. Ebi Vakkas'ın müşrik kardeşi Utbe, Hz. Peygamber'e taş attı. Atılan o taş, Hz. Peygamber'in zırhından iki halkayı yırtacak ve mübarek yüzüne batacaktı. O taş yüzünden fahr-i kâinatın mübarek dişlerinden birisi kırılacaktı. Mübarek yüzü kanıyordu. Atılan o taş, Allah Resulüne dokunduğu gibi bütün sahabeye dokunan bir taştı. O taş sahabenin iflahını kesti. Sahabeyi iliklerine kadar sarstı.

Bir anda bütün Uhud'da Hz. Peygamber yaralandı şeklinde bir ses yankılandı. O nasıl bir andır öyle. Ne müthiş bir an. Sesi duyan her bir sahabe sinirinden dişlerini sıkıyor, adeta kasları geriliyor, yeri yararcasına sert adımlarla müşrikleri ite kaka Resulullah'a koşuyordu. Aklını başına alan, müşriğin darbesinden sıyrılan Resulullah'a koşuyordu.

Hz. Peygamber çok yorgun düşmüştü. Bir koluna Hz. Ali, bir koluna Hz. Talha b. Ubeydullah giriyordu. Hz Ebu Bekir ile Hz. Ömer yanı başlarında elinde kılıçla çember oluşturuyordu. Sahabe Allah Resulünün önünde çember oluşturuyordu. Öyle ki hiçbir müşrik kurulan çemberden dolayı Hz. Peygamber'i göremiyordu bile. Sonradan çembere yetişen zat, daha önce yetişen mümin kardeşi gibi gördüğü manzara karşısında gözyaşı döküyor ve "Babam anam sana feda olsun" deyip o yürek yakan hali görmemek için başını başka tarafa çeviriyordu. O hali gören tüm sahabe dizlerinin üstüne çöküp başlarını iki elinin arasında yere eğilip sarsıla sarsıla ağlıyordu.

    Hz. Ebu Ubeyde bin Cerrah rüzgâr gibi geldi. Çemberi aşıp Hz. Peygamber'in önünde diz çöktü. Hz. Ebubekir'e şöyle dedi; "Ey Allah Resulü'nün dostu! Allah aşkına, senden bu miğfer parçalarını çıkarma işini bana bırakmanı istiyorum." Hz. Ebubekir efendimiz ısrara dayanamayıp müsaade edecek. Ebu Ubeyde efendimiz, Allah Resulü'nün mübarek yüzüne batan halkayı eliyle çıkarmaya yeltenseydi şüphesiz canı yanacaktı Hz. Peygamberin. Bu yüzden o sert halkayı dişleriyle çıkarıyordu. Bunu yaparken Hz. Ebu Ubeyde'nin ön dişi kırıldı. Öteki halkayı çıkarırken bir dişi daha kırıldı. Bu tarifi olmayan bir sevgidir. Allah Resulü'nün canı acımasın diye 2 dişini birden feda ediyordu. Bu şüphesiz imanın en kamil noktasıdır. Belki de fenafi'r Resul makamıdır. (Allah Resulüne olan sevgide kaybolma makamı)

    Bu yüzden Allah Resulü ona olan sevgisini dile getirirken şöyle buyururdu: "Ebu Ubeyde İbnü'l Cerrah ne güzel insandır."

    Hz. Peygamber'in o haline şahit olan sahabenin başları öne doğru düşüyor, ellerindeki kılıçlar takatleri kesildiği için yere düşüyordu. Melekler bile mateme bürünüyordu. Şüphesiz

Resulullah'ın mübarek yüzünden kan akması sahabe-i kirama çok ağır gelmişti. Çok dokunmuştu.

Artık dayanamayan bir sahabe ağlayarak; "Babamız anamız sana feda olsun. Size taş atan Kureyş müşriklerine beddua etseniz?" dedi. Mübarek yüzünden akan kanlara rağmen dirayetini koruyor ve şöyle buyuruyordu(sav); "Ben lanetleyici olarak gönderilmedim. Bilakis doğru yola davet edici ve rahmet olarak gönderildim. Allah'ım! Kavmime hidayet ver. Onlar bilmiyorlar." Yüzünden akan kanlara rağmen helakı hak edenlere hidayet diliyordu...

Allah Resulünün yüzüne taş atan Hz. Sa'd b. Ebi Vakkas'ın kardeşi Utbe idi. Bu durum Hz. Sa'd'ın çok zoruna gitmişti. Utanıyordu Hz. Sa'd b. Ebi Vakkas. Kendisi diyor ki; "Resulullah'ı o halde görünce kardeşim Utbe'yi öldürmek için duyduğum hırs kadar kimseye bu denli bir hırs duymadım."

Hz. Sa'd defalarca müşrik safını yararak kardeşini aradı. Mekân mekân elinde kılıçla Uhud'u tarıyordu. Vallahi içindeki acıdan dolayı Utbe'yi yakalasaydı öldürecekti. Hz. Peygamber müşrik de olsa kardeşin kardeşle muharebe etmesine gönlü razı olmadı. Sahabe zorla Hz. Sa'd b. Ebi Vakkas'a engel oldu.

Uhud'un devam eden saatlerinin birinde kendisi Allah Resulü'nün önünde diz çöküp müşriklere ok atıyordu. Kendisi anlatırken o anı Hz. Sa'd der ki;

"Ben ok atıyordum. Hz. Resulullah bana ok veriyordu. Her oku attığımda bana; 'Haydi at! Annem babam sana feda olsun' diyordu." (Bu olay başta İmam Buhari ve İmam Müslim tarafından nakledilmekle beraber başka hadis âlimleri tarafından da nakledilmiştir.)

Bu sözlere şahit olan Hz. Ali(ra); "Ben Allah Resulü'nün Sa'd

b. Ebi Vakkas haricinde hiç kimse için babam ve annem sana feda olsun dediğini duymadım" demiştir. (İmam Tirmizi, menakıb) Hz. Sa'd Uhud günü melekleri görmüştür. Kendisi onu şöyle anlatıyor; "Bir ara (Uhud'da) Resulullah'ın sağında ve solunda iki adam vardı. Üzerlerinde (nurlu) elbise vardı. Tam bir savaşçı gibi savaşıyorlardı. Ben onları, o günden önce de sonra da hiç görmedim. Onlar Cebrail ve Mikail idi. Resulullah'ı korumak için gelmişlerdi."

Hz. Sa'd'ın söylediği bu müthiş sözleri İmam Müslim nakletmiştir. İmam Müslim'in hadis kitabına şerh yazan büyük âlim İmam Nevevi el-Minhac adlı eserinde der ki; "Bu olay Resulullah'ın Allah katında ne kadar değerli olduğunu ve Allah-u Teâlâ'nın kendisiyle birlikte savaşan melekler indirerek onu nasıl şereflendirdiğini gösterir."

HZ. ÖMER ZIRHINI DAHİ ÇIKARDI

Allah Resulü'nün mübarek yüzüne taş atılması Hz. Ömer efendimizi derinden sarstı. Yüreğini yaktı. O Ömer ki[ra], herkesin Müslüman olduğunu gizlediği dönemde Mekke sokaklarında İslam'a girişini duyurandır. O Ömer ki[ra], Mekke liderlerinin kapısını yumruklayıp; "Bilesiniz ki bundan böyle Hattabın oğlu Ömer de Muhammed'in[sav] yolundadır. Gücü yeten gelsin beni yolumdan çevirsin "diyerek meydan okuyandır. O Ömer[ra] ki, Mekke'de yürürken izlenen, konuştuğunda itibar edilendir. O Ömer ki[ra], kılıcını çektiğinde kılıcının yönü kime döneceği belli olmayan kişidir. O Ömer[ra] ki, Mekke'nin ürettiği en sert kasırgadır. O Ömer ki, gözüne kestirdiğini ağlatmadan bırakmayan kişidir. O İslam adına çekilen bir kılıçtır. O Seyfu'l İslam'dır. İslam'ın kılıcıdır.

O Kur'an ve sünnete olan bağımlılığı ile zekâsı, feraseti, ilmi, heybeti, şeceati ve doğudan batıya nam saldığı adaleti ile bir benzerine tarihte şahit olunmayan abide bir şahsiyettir. O şecaati ile İslam düşmanlarını dize getiren kişidir. O Ömer⁽ʳᵃ⁾ ki, İmparatorların saraylarını başına yıkandır. Onu kim hakkını vererek tanımlayabilir ki? O Ömer'dir⁽ʳᵃ⁾ işte... Allah'ım onların kapısından bizi ayırma.

Hz. Ömer, Hz. Peygamber'in yaralandığına şahit olunca kınından sıyrılacak. Adeta gözleri yuvasında dönecek. Tıpkı bir çöl aslanı gibi sağa sola sert adımlarla manevralar yapıp, önünden kaçan müşriklerin ardına verecek. Uhud'da fırtına esecek. Uhud'da Ömer'in⁽ʳᵃ⁾ fırtınası esecek. Uhud'da iki metreyi aşkın boyu ile yürekleri titreten mücahit bir savaşçı esecek.

Öyle ki müşriklerin hududu aşıp Hz. Peygamber'e zarar vermeleri üzerine Hz. Ömer artık bir kılıç gibi kınından çıkacak. Mübarek vücudundaki zırhı çıkarıp kardeşi Hz. Zeyd b. Hattab'a giydirecek. Bunun anlamı şu oluyor; "Şehit düşene kadar müşriklerin safını yaracağım." Kardeşi Hz. Zeyd zırhı vücudundan çıkarıp atınca Hz. Ömer hayret edecek. Neden zırhı çıkardığına anlam veremeyecek. Bunun üzerine kardeşi Zeyd⁽ʳᵃ⁾ diyecek ki; "Senin kendin için istediğini (şehitliği) ben de kendim için istiyorum."

Bunun üzerine iki kardeş sırt sırta verip müşrikleri ağlatana kadar harp edecek. Heybet ve şecaat yan yana, sırt sırta... İslam düşmanları korkaklar gibi onlardan mekân mekân kaçıyordu.

EY MUHAMMED'İN⁽ˢᵃᵛ⁾ ASHABI KALKIN AYAĞA!

Uhud'da bir ses yankılandı. Şer bir ses. İç âlemleri yakıp kavuran, tarumar eden bir ses. O ses şöyle diyordu; "Muhammed⁽ˢᵃᵛ⁾ öldürüldü (şehit edildi)." (Bu söz şeytanın Müslümanların dirayetini sarsmak için çıkardığı bir fitne olarak İslam tarihi kitaplarında naklediler.) Bir anda kılıç tutan kollar aşağı indi. Herkes kas katı kesildi. Ve gözlerden yaş süzülmeye başladı.

Herkes tedirgin gözlerle etrafına bakınmaya başladı. Her biri şöyle diyordu! "O hakikaten vefat mı etti? Hakikaten o artık gitti mi? O halde ne için direneceğiz artık? O gittiyse şayet kimin ardından yürüyeceğiz ki?"

Hz. Muhammed'in(sav); "Denizleri aşın, yıldızları yere indirin, göklere tırmanın" diye emir verse tırmanacak olan sahabe-i kiram bir anda sarsılıyordu. Sert kasırgaların sarsamadığı, dağlar kadar dik duran sahabe-i kiram tek tek dizler üstüne çöküyordu. Öyle ki, Hz. Ömer kılıcını yere saplayacak, başını ellerinin arasına alıp acı acı düşünmeye başlayacaktı.

İşte o zor anlarda Hz. Enes b. Nadr (Allah Resulü'ne 10 sene hizmetkârlık eden Hz. Enes b. Malik'in amcasıdır). Bir sağa bir sola seğirtiyor, iradesi sarsılmış olanlara haykırıyordu.; "Ey Muhammed'in(sav) ashabı, niye oturuyorsunuz? Ne oluyor sizlere? Haydi kalkın ayağa. Çekin kılıçlarınızı."

Sahabenin bir kısmı ona cevap verip; "Duymadın mı Enes! Allah Resulü şehit olmuş."

Hz. Enes'in sesi daha da dikleşti; "Mademki Resulullah şehit oldu, siz bundan sonra hayatı ne yapacaksınız? Ayağa kalkın... Kalkın da Allah Resulü'nün şehit olduğu şey için şehit oluncaya kadar harp edin. Kalkın! Allah size de bana da merhamet etsin."

Bu muhteşem sözlerinin ardından kılıcını sıyırdığı gibi müşrik saflarını yardı. Rahmet rüzgârı gibi söylediği sözler sahabe-i kiramın kulağında yankı yapıyordu. Enes b. Nadr(ra) müşrik safları arasında, Allah ve Resulü'nün adını haykırarak savaşıyordu. Artık o... artık o gözlerden kayboldu.

Savaşın sonudur. Hz. Enes b. Nadr'ın vücudunda tam 70 darbe vardı. Şehit olmuştu. Sessizdi. Yüzündeki nur güneşten daha parlaktı. O güzelim simasında tebessüm vardı. Eğer ki Hz. Peygamber⁽ˢᵃᵛ⁾ şehit olmuşsa, gittiği yerde onunla görüşmek vardı. Eğer Allah Resulü şehit olmadıysa, Allah ve Resulü'nün davası uğrunda şehit düşmek vardı...

Vücudunda 70 kılıç ve mızrak darbesi vardı. Öyle ki, kız kardeşi onu parmak uçlarından tanıyabildi. Hz. Ömer⁽ʳᵃ⁾ onun mübarek vücudu başında gözyaşları dökerken şu sözleri söyleyecek; "O tek başına bir ümmetti. Tek başına bir ümmet olarak haşredilecek." (O'nu Nasıl Sevdiler, Prof. Dr. Nihat Hatipoğlu, s.139)

Enes b. Malik⁽ʳᵃ⁾ der ki; "Azhab suresindeki 'Müminler içinde Allah'a verdikleri sözde duran nice erler var. İşte onlardan kimi, sözünü yerine getirip o yolda canını vermiştir, kimi de (şehitliği) beklemektedir. Onlar hiçbir şekilde (sözlerini) değiştirmemişlerdir.' Bu ayetin sahabe-i kiram amcam Enes b. Nadr ve arkadaşları hakkında indiğini söylerlerdi." (Tefsur'u ibn Kesir)

MEKKE'NİN YAKIŞIKLI DELİKANLISI

Onu anlatanlar, onu tanımlayanlar Mekke'nin en yakışıklı delikanlısı derler. Kendine has bir güzelliği vardı. Öyle hoş bir siması varmış ki, Mekkeli genç kızlar onun geçeceği yollara güzel nazenin çiçeklerden serperlermiş. Çok varlıklı bir ailenin evladıydı. Çok nazlı büyümüştü. Onun giydiği kıyafeti veya sürdüğü kokuları kimse alamazdı. Ama gün gelecek dünyanın geçici güzelliklerini elinin tersiyle itecekti. Hz. Peygamber vahyi aldığı ilk dönemlerde Mekke halkını İslam'a davet ettiğinde, Allah Resulü' ne ilk koşup önünde diz çökenlerden biri de bu yakışıklı delikanlıydı. Müslümanlığını ilan ettiğinde annesi bu durumu kabullenmeyecek ona türlü türlü işkenceler yapacaktı. Onu tehdit edip Müslümanlıktan dönmezsen elindeki tüm imkânları alırım diyecekti. O, hiç annesinin sözlerine aldırış dahi etmeyecek. Annesinin sert sözleri ona hoş gelecekti. Çünkü girmiş olduğu, iman ettiği dava çileyi vaad ediyordu. Sıkıntıyı vaad ediyordu. Cefasız rahmet olmaz ki. Sabır gösterilmeden selamete ulaşılmaz ki.

Bu dava çile sonrası rahmetin tecelli edeceğini vaad ediyordu. Bu davanın önderi[sav] neyi vaad ettiyse şüphesiz hepsi gerçekleşmiştir. O da annesine rağmen sabrediyordu. Nasıl sabretmesin ki? Bunaldığında koşa koşa Hz. Peygamberin yanına varıyor. Onun yüzünden boşalan rahmeti görüyor. Onun etrafında kanat çırpan meleklerin kokusunu hissediyor. Onun kalplere hükmeden sohbetlerini dinliyordu.

Onun adı Hz. Mus'ab b. Umeyr'dir.

Uhud günü o da Allah Resulü'nün yanı başındaydı. O da geri dönmeyi düşünmeyenler gibi Uhud'a gelmişti. Uhud günü Hz. Peygamberi şehit etmek için yeminleşen 4 müşrik vardı. Bunlardan birisi de habis ruhlu Abdullah b. Kamia (Kam'e) el-Ceysi'dir.

Allah Resulü'nü şehit etmek için fırsat kolluyordu. Hz. Peygamberin etrafında Müslümanların seyrekleştiğini fark edince atını sürdü. Hz. Peygambere olan kinini savuran sözler sarf ede ede geliyordu. Allah Resulü'nün yanında Hz. Mus'ab ve başka sahabeler vardı. Bu habisin zarar vereceğini fark eden Hz. Mus'ab elindeki sancakla onun yolunu kesti. İbn Kamia Hz. Mus'ab'ın sancağı taşıyan elini kesti. Sancağı sol eline alınca bu sefer sol elini de kesti. Sancak düşmesin diye göğsünün arasına almaya çalışırken Hz. Mus'ab, İbn Kamia'nın mızrağıyla şehit düşecekti.

Hz. Mus'ab her darbede; "Muhammed⁽ˢᵃᵛ⁾ ancak Allah'ın Resulüdür. Ondan önce nice peygamberler gelip geçmiştir" (Al-i İmran, 144) ayetini okuyordu. Dilinde hala Allah ve Resulü vardı. Yıkıldı yere. Yüz üstü yattı. Mübarek başını kumlara dayadı. Yüzünü kumlara dayaması ne kadar müthiş bir hadise. Yüzünü kumlara dayamasının hikmeti şudur; şehit olurken bile Resulullah'ı düşünüyordu. Harbin sonuna kadar Resulullah'ı müdafaa edemediğine hayıflanıyordu.

Belki de Yüce Allah'ın huzuruna geldiğinde, Yüce Allah'ın ona; "Ey Mus'ab! Gözlerinin önünde düşman en sevdiğime⁽ˢᵃᵛ⁾ saldırırken sen niye bir şey yapmadın?" diye sorar endişesinden, utancından başını kumlara gömüyordu. O öpülecek başını utancından kumlara gömüyordu.

Ey Allah Resulü'ne iman eden müminler! Allah Resulü'nün sahabesindeki muhabbeti görüyor musunuz? Allah Resulü'nün ashabı içinde nasıl sevildiğini görüyor musunuz? Kolu kesilmiş umrunda değil. Bir kolu daha kesiliyor umrunda değil. Yürekleri titreten güzelliğiyle dünyaya veda edecek umrunda değil. Son nefesinde bile tek bir derdi vardı. "Ben Allah Resulü'nü koruyamadım" diyordu.

İbn Kamia denen eblehin, zavallının, Hz. Musab'ı şehit ettiğini gören Allah Resulü müthiş rahatsız olacak. Bu durum Allah Resulü'nün mübarek naif yüreğini derinden sarsacak. Duymuş olduğu üzüntüden dolayı İbn Kamia'yı Yüce Allah'a şikâyet edecek. Şöyle buyuracak; "Allah'ım İbn Kamia'yı zelil ve perişan et."

Sünnetullah'ın gereğidir ki, bir peygamber dua etti mi, o dua geri çevrilmez. Bu ebleh adam yılına erişemeyecek. Zelil olacak. Bir koç tarafından toslanıp, yüksek bir yerden yuvarlanıp, zelilce ölecek. İşte Allah'a ve Resulü'ne harp ilan edenler böyle rezilce yaşar, zelilce ölürler. Allaha ve Resulü'ne düşman olanların akıbeti yoktur. Tarih şahittir ki, her asırda Hz. Peygambere düşman kesilenler olmuştur ve bu insanlar mutlaka dünya hayatında bir yerden tokat yemişlerdir. Hz. Peygamber'e düşmanlık eden hüsrana uğrar. Gibson'un dediği gibi: "Hz. Muhammed'i sevmeyenler onu yeterince tanıyamayanlardır." İbni Kami'a ve benzerlerinin yaptıkları yanına kar kaldı mı? İşte onların varacakları yer cehennemdir. Onların mahşer günü yaşayacakları pişmanlığı Kur'an-ı Kerim şimdiden haber veriyor. Tıpkı Ahzab suresinde yüce Allah'ın buyurduğu gibi: "O gün yüzleri ateşte çevrilirken: "Ah ne olurdu bizler Allah'a itaat etseydik, peygambere itaat etseydik!" derler.

SEN HAYATTASIN YA...

Uhud'da "Muhammed(sav) öldürüldü" şeklinde şeytan fitne çıkarınca bu haber Medine'ye kadar gelecek. Haber Medine'ye gelince ne mi oldu? Yıkıldı Medine. Medine ağlıyordu. Çocuklar babalarından öteda sevdikleri Allah Resulü'ne, kadınlar ıstırap içinde ağlıyordu. Herkes en sevgiliye(sav) ağlıyordu.

Medine'li kadınlardan Sümeyra Hatun ağlayarak Uhud'a doğru koşuyordu. Öylesine Resulullah'a yüreği doluydu ki son kez onu göreyim diyordu. İnsanlar onu durdurmaya çalışıyordu. Ama onun duraksayacak zamanı yoktu. Engel olmaya çalışanlar diyorlardı ki; "Sakinleş. Nefeslen. Sonra Resulullah'a gidersin."

Kimseyi dinlemeden Uhud'a geldi. Uhud'da gördüğü herkese; "Ne olur bana Allah Resulü'nü gösterin, onu son kez göreyim" diyordu.

Onu tanıyanlar diyecek ki; "Ey kadın! Sakin ol! Şunu bil ki baban da kocan da oğlun da Uhud'da şehit oldu." Bu sözleri hiç duymuyormuş gibi Sümeyra Hatun gözyaşları içinde; "Ben sana şehit olan oğlumu sormuyorum. Ben Allah Resulü'nün durumunu soruyorum. Söyle bana Allah Resulü nerede?" diyordu. Haberci Allah Resulü'nün hayatta olduğunu söyleyip bulunduğu yeri gösterir. Sümeyra hatun, Hz. Peygamber'i gördüğü gibi yanına gidip dizleri üstüne çöküp elbisesinin ucundan tutup; "Babam anam sana feda olsun ey Allah'ın Resulü. Hamd olsun sen hayattasın ya... Bütün musibetler basittir artık" diyordu.

EĞER O'NA[SAV] BİRŞEY OLURSA

Allah Resulü'nün hizmetkârı Enes b. Malik[ra] anlatıyor;

Allah Resulü'nün huzurunda oturuyorduk. Birden bire şöyle buyurdu; "Şimdi cennet ehlinden olan birini göreceksiniz." Herkes kapıya doğru bakıyordu. Kim gelecek? Kim bu cennetlik adam? Ensardan bir zat kapıdan içeri girdi. Sakalından abdest suları akıyordu.

Ertesi gün Hz. Peygamber, bir önceki gün olduğu gibi aynı sözleri tekrarladı. Kapıdan tekrar aynı zat içeri girdi. Nihayet üçüncü gün de Allah Resulü sözünü tekrarlayınca bu zat kapıdan içeri giren kişiydi. Bir süre sonra Resulullah aramızdan ayrıldı ve gitti.

Bütün gözler bu adamın üzerindeydi. Kimdi bu övgülere mazhar olan zat? Onu, üç gün üst üste Allah Resulü'nün müjdelemesine sebep olan neydi? Medine konuşuyordu bu hadiseyi. Genç sahabelerden Hz. Abdullah b. Amr İbnü'l-As bu zatın peşinden gitti. Abdullah'ın[ra] gayesi bu zatı ve yaptığı ibadetleri yakından takip edip müşahade etmekti.

Genç sahabe kapısına gidip dedi ki; 'Ben babamla tartıştım.

Eve gitmeyeceğime dair karar verdim. Bu zaman içinde müsaadenizle sizin evinizde kalmama izin verir misiniz?' Allah Resulü'nün cennetle müjdelediği bu zat genç sahabeye kapısını sonuna kadar açtı. Ona ikramlarda bulundu. Onu en güzel şekilde misafir etti."

Hz. Enes devam ediyor anlatmaya; Abdullah[ra] bu zatın evinde üç gece kaldı. Onun geceleri ne tür ibadetler ettiğini yakından gözlemledi. Sürekli Yüce Allah'ı zikrettiğini işitti, üçüncü gecenin ardından Abdullah[ra] yaşadığı hadiseyi şöyle anlatıyor; 'Ben onun hayırdan başka bir şey konuştuğunu görmedim. Onu takip ediyordum. Fakat bizlerden farklı bir ibadetle meşgul olmadığını görünce şaşırdım. Ama Allah Resulü onu üç gün üst üste müjdeledi. Mutlaka bizde olmayan bir şeyin bu zatta olması lazımdı. Üçüncü gecenin sonunda ona dedim ki; "Ey amca! Ben babamla münakaşa etmemiştim. Allah Resulü'nün senin için cennet ehlinden bir zat buyurduğunu işittim. Bu sebepten evine misafir olmayı arzu etmiştim ki, senin hangi amelle bu mertebeye çıktığını bilmiş olayım. Ama farklı bir ibadet yapmıyorsun da. O halde Resulullah'ın iltifatına seni ulaştıran nedir?"

Benim bu sözlerim üzerine sustu. Çok edepli bir hali vardı. "Evlat" dedi. "Bu gördüğün hallerden başka bir şey yok bende" dedi.

Ben düşünceli bir şekilde kapıdan çıkarken bana seslendi ve şöyle dedi; "Evet. Gördüğünden başka bir şey yok bende. Fakat bir de şu var ki hiçbir mümine yüreğimde kin ve haset beslemem. Müminlere hep hayırlı dualarda bulunurum."

Ben de ona dedim ki; "Seni cennete götüren ameli şimdi anlıyorum. Bu öyle bir amel ki, buna güç yetirmek gerçekten zordur."

Kim bu sahabe biliyor musunuz? Gönlünde, yüreğinde hiçbir Müslümana kin ve nefret duymayan bu sahabe kim? Gıybet etmeyip Müslüman kardeşine sürekli hayır duada bulunan bu sahabe kim? Kimsenin açığını arayıp rezil olacağı günü beklemeyen bu sahabe kim? Herkes kirlensin bir ben temiz kalayım şeklinde, kirlenmiş bir kalpten sıyrılmış olan bu sahabe kim? (Hiçbir sahabe bu kötü düşüncelere elbette sahip değildir. Sözün gelişi onlardan ders çıkabilmek için satırlar böylece akıp gidiyor.) Hz. Peygamberin hal ve tavırlarına tam mukallid (Hz. Peygamberi taklit eden, ona benzemeye çalışan) olan Nebevi Ahlakla ahlaklanıp, Kuran-ı Kerim mümini olan bu sahabe kim? Bu sahabe Sa'd İbnu'r-Rabi el-Ensari el-Hazreci'dir. Allah bizi onun şefaatinden mahrum eylemesin. Şimdi onu tanıdık. Onun mertebesini öğrendik. Onun rahmetteki yarışta nasıl en önlere bayrağınım taşımış olduğuna şahit olduk. Şimdi onun Uhud'daki vefasına şahit olalım.

Uhud'un son anlarıdır. Hz. Peygamber etrafındakilere "Sa'd İbnü'r-Rebi'nin ne durumda olduğunu kim gidip bize haber getirir?" diye sordu. Ensardan Hz. Muhammed b. Mesleme yerinden ok gibi fırladı. Uhud'u mekan mekan aradı. Sürekli Sa'd İbnu'r-rabi diye bağırıyordu. Nihayet onu buldu. Yerdeydi. Sakallarına kadar kan bulaşmış bir halde onu gördü. Tükenmiş bir haldeydi.

Muhammed bin Mesleme dedi ki; "Ey Sa'd! Resulullah sana selam söylüyor. Beni sana gönderdi. Seni merak ediyor."

Bir an yüzünde tebessüm belirdi. Kılıç ve mızrakların verdiği yara artık yakmaz oldu. En sevgilinin selamı geldi ya hani... Onu unutmamış ya hani...

Vücudunda yaklaşık 80 darbe vardı. Kemikleri ezilmiş, konuşmaya takati kalmamıştı. Nefes almakta zorlanıyordu. Tek bir cümle duymak istiyordu. Tek bir cümle...

"Beni bırak" diyordu. "Söyle bana Hz. Muhammed[(sav)] nasıl?" diyordu. Haberci ona "Allah'ın Resulü hamd olsun iyidir, seni merak ediyor." deyince Hz. Sa'd b. Rabi şu sözleri mırıldanır; "Ben artık ölülerin arasındayım. Resulullah'a selamlarımı ilet ve de ki ben şuan cennetin kokusunu duyuyorum."

Bir an yüzündeki damarlar sertleşti. Elini kaldırdı. Hesap sorar gibi şehadet parmağını sallayarak şöyle dedi; "Sahabeye de ki, eğer nefes alacak kadar takatiniz varken Allah Resulü'ne zarar gelirse mahşerde Allah'ın huzurunda ileri sürecek hiçbir mazeretiniz olmayacaktır."

Bu sözleri söyledi ve sessizleşti. Gözlerini ebediyen kapadı. Mübarek vücudu başında Hz. Muhammed b. Mesleme onu izliyordu. Vücudunda 80'e yakın yara, konuşmaya mecali yok. Son sözleri sahabeyi sarsan şekilde "Ona bir zarar gelirse sakın mahşere gelmeyin"... Aldığı darbeler umrunda değil. Son nefesinde hala şunu soruyordu; "Söyle bana Hz. Muhammed nasıl?"

Cennet size mübarek olsun. Vallahi varacağınız yer cennettir.

BİR HATIRA

Uhud'dan yıllar sonradır. Ez-Zübeyri[ra] anlatıyor; "Hz. Ebubekir yanındaki bir adamla sohbet ederken Sa'd İbnü'r-Rabi'nin kızı içeriye girdi. Hz. Ebubekir efendimiz bir anda kalktı yerinden. O küçük kızı aldı kucağına. Omzuna aldı. Sonra kucağında sevip öptü. Onunla oynuyor, onu mutlu etmeye çalışıyordu.

Adam dedi ki; "Ey Ebubekir, senin kızın mıdır?" Hz. Ebubekir efendimiz cevap verdi; "Bu benden daha hayırlı olan Sa'd İbnü'r-Rabi'nin kızıdır. O Bedir'e katılmıştır ve Uhud'da şehit oldu." Bunu söylerken Hz. Sıddık'ın sesi titriyordu. Çocuğu kucağından bıraktı. Düşe kalka yürüyen çocuğu izliyordu. Belli ki Sıddık[ra] Uhud'u hatırlıyordu. Sıddık... Sıddık ağlıyordu... ("O benden daha hayırlı olan" sözü, Hz. Ebu Bekir efendimizin Hz.

Sa'd ibnü'r-Rabi hazretlerini övmek için sarf ettiği bir sözüdür. Hadis-i şeriflerle sabittir ki, Hz. Ebu Bekir efendimiz sahabe-i kiramın en üstün olanı, en efdal olanı, en faziletli olanıdır. Bunda ehl-i sünnet uleması da ittifak halindedir.)

MELEKLER ONU YIKIYORDU

Yüce Allah'ın çok nadir yetişen bazı kulları vardır. Bu sahabe de o nadir yetişenlerdendir. Acaba onun sahip olduğu Resulullah[sav] aşkını kaç vecihle yazsak hakkını verebiliriz? Öyle sanıyorum ki bu mümkün değil. Biz onun Allah Resulü'ne olan muhabbetini tarif etmekte zorlanırız. Anlatırız. Fakat eksik kalır. Gözleri görmeyen birinin eline bir demet gül verseniz koklar hisseder... Ama göremediği için onu tanımlayamaz. Biz bu sahabeyi sanki görmüşçesine tanıyoruz. Onu biliyoruz. Ama yüreğinde bütünleşen peygamber sevdasını anlatamıyoruz. Elimizde olsa huzuruna varıp "Ey Hanzala b. Ebi Amer er-Rahib! Lütfedip bize biraz anlatır mısın bu sevda nasıl oldu" derdik. Anlatabilmemiz için o sevdayı ondan dinlemeliyiz.

O Hz. Hanzala'dır[ra]. Yeni evlenmiş hanımı ile sabahlamıştı. Abdest almak için suyun başına geçiyordu. Birden bire Uhud'da Hz. Peygamber'in darda kaldığını söyleyen bir ses işitti. Abdestini almadan tası yere vurdu ve Uhud'a koştu.

Şu koşanı görüyor musunuz? Bu koşan zat, sabahı cennet olan, gecenin sahibi Hanzala'dır[ra]. Bu koşan zat, Hz. Peygamber'e bir zarar gelecek endişesinden abdestini yarıda bırakıp Uhud'a duraksamadan koşan kişidir.

Uhud'a vardığında müşrik saflarını öylesine yardı ki, müşrik lider Ebu Süfyan Hanzala'nın[ra] kılıcından ramak kala kurtuldu.

Hz. Hanzala'nın kılıcından Ebu Süfyan onlarca adamının imdadıyla kurtuldu. O kurtuldu. Fakat Hz. Hanzala o an şehit oldu. O Allah Resulü'nün ashabı idi. Onun gözleri Allah Resulü'nü görmüştü. Onun kalbi Hz. Peygamber'in huzurundayken masivadan uzaklaşıyordu. Hz. Peygamber'in(sav) o müthiş veciz sözleri ile dünya ile adeta bağını koparıyordu. Bir manada sürekli iftikar hali yaşıyordu. Sürekli kendini Allah'a muhtaç görüp, Allah'a yalvarıyordu. İşte o Hz. Muhammed'in(sav) ashabı idi...

Sadece dudağı ile değil kalbi ile Allah'ı zikrederdi sahabe-i kiram. Sadece bedenleri ile secdeye varmazlardı, onlar kalpleri ile secde ediyorlardı.

Kalbi ile marifet makamlarını bir bir aşmış olan dolu dolu bir kalp daha ebediyyen artık duruyordu. İlahi kelimetullah için Uhud'a geliyor, orada düşüyordu. Yeni evliydi. Hayatının en güzide zamanlarıydı. Ama o ahiret için, dünyayı Uhud'a koşarken unutmuştu. Dönmeyi düşünmemişti. Düşünseydi müşrik liderin safına kadar yaklaşabilir miydi? O muhteşem şecaate sahipti. O Hz. Muhammed'in(sav) ashabı idi.

Savaşın sonudur. Allah Resulü şöyle buyurur; "Ben meleklerin Hanzala b. Ebi Amir'i yer ile gök arasında gümüşten kaplar içerisindeki yağmur suları ile yıkadıklarını gördüm." Sahabe olup biteni anlamaya çalışıyordu. Şehit Hanzala'nın başından aşağı su damlaları akıyordu. Sanki yeni yıkanmış gibiydi. Sankisi bile fazla. Evet öyleydi. Vücudu yıkanmıştı...

Nihayetinde Allah Resulü! "Hanzala'yı meleklerin yıkadığını gördüm. Eşine gidin hakkında bilgi alın" dediğinde sahabe hanımından bilgi aldı. Hanımı dedi ki; "Onunla yeni evlenmiştik. Sabah Resulullah'a zarar gelir endişesinden yıkanmadan Uhud'a gelmişti."

Barekallah... Barekallah... Allah'ın melekleri Haznala'ya abdest aldırıyor. Allah Resulü'nü sevmenin mükâfatı bu olsa gerek... Hanzala(ra)... Allah'ın meleklerinin yıkadığı şehit...

UHUD HARBİ BİTERKEN

Siyer alimi İbn Hişam nakleder ki; "Allah Resulü(sav) aldığı ağır yaralardan ötürü öğlen namazını oturarak kıldı. Sahabe de namazını oturarak kılmak zorunda kaldı aldığı yaralardan dolayı."

Allah Resulü Uhud meşhedini ziyaret edip; "Allahım! Bu kulun ve Resulün bunların şehit olduklarına ve kıyamet gününe kadar kendilerini ziyaret eden ve selamlayanların selamlarına mukabelede bulunacaklarına şehadet eder" buyurmuşlardır.

Allah Resulü mutlaka Uhud'u ziyaret eder ve Ra'd suresinin 24. Ayetini yüksek sesle okurdu. Meali şöyledir; "Sabrettiğiniz için, selam olsun size! Ahiret saadeti ne güzeldir."

Mü'minlerin annesi Hz. Fatıma validemiz şehitlerin sultanı olan amcası Hz. Hamza'yı(ra) 2 veya 3 günde bir kez mutlaka ziyarete giderdi. Vefaya vefa lazımdır.

Uhud'da metfun olanlar sıradan insanlar değiller. Onlar gelen herkesten Allah'ın izni ile haberdardırlar.

Attaf b. Halid'in halasından dinlediğine göre; Halası Uhud şehitliğini ziyaret ettiği sırada yanında bineğinin başını çeken iki çocuktan başkaca kimse yoktu. Şehitleri selamladı. Şehitlerin selama mukabelede bulunup (yerin altından cevap geliyor) 'vallahi biz birbirimizi tanıdığımız gibi sizi de tanıyoruz' dediklerini işitti. Bu olay üzerine vücudu sarsıla sarsıla titriyor, katırına binip meşhedden edebiyle ayrılıyor...

HZ. PEYGAMBER⁽ˢᴬⱽ⁾ UHUD'DAN ŞU DUALARLA AYRILDI

Müşrikler Uhud'u terk ettikten sonra Uhud şehitlerinin o esnada gömülme işi tamamlanmıştı. Allah Resulü atına bindi. Sahabesine etrafında saf dizilmesini istedi. Dua edeceğini söyledi. Ve Yüce Allah'a yakarmaya başladı; "Allah'ım bütün hamdler sana mahsustur. Allah'ım senin genişlettiğini daraltacak yoktur. Senin uzaklaştırdığını yakınlaştıracak yoktur. Senin vermediğini verecek yoktur. Sen verdiğinde engelleyecek yoktur. Senin doğrulttuğunu saptıracak yoktur. Senin saptırdığını da doğrultacak yoktur.

Allahım! Bereketlerini, rahmetini, fazlını ve rızkını yay üstümüze.

Allahım! Değişmeyen ve kaybolmayan, tükenmez cennet nimetlerini senden isterim.

Allahım! İhtiyaç gününde senden nimet, korku gününde de senden emniyet isterim.

Allahım! Bize verdiğin şeyin şerrinden de, vermediğin şeyin şerrinden de sana sığınırım.

Allahım! Bize imanı sevdir ve onu kalbimizde süsle. Küfrü, fıskı ve isyanı da bize hoş gösterme. Bizi doğru yola gidenlerden eyle.

Allahım! Bizi Müslüman olarak öldür. Bizi Müslümanlar olarak da dirilt ve perişanlıkla fitneye düşmeksizin bizi salih kimselere kavuştur.

Allahım! Senin yolundan yüz çeviren ve peygamberini inkar eden kafirleri öldür! Onlara musibet ve azabını ver.

Ey gerçek ilah... (Buhari, el-edebü'l müfred)

UHUD HARBİNDEN TAM 46 YIL SONRA

Bir sebepten ötürü Uhud şehitlerinin kabirleri kaydırılmak zorunda kalınır. Tam 46 yıl sonra... Şehitlerin kabirleri açılır. Hz. Amr b. Cemuh ile Hz. Abdullah b. Haram beraber gömülü idi. Kabirleri açılınca, sanki daha yeni vefat etmiş gibi bir halleri vardı. Vücutlarında zerre bozulma yoktu. Bozulmayan kalpleri hatırına, Allah cesetlerini muhafaza ediyordu sanki...

Hz. Abdullah b. Amr Uhud savaşında yüzünden yaralanmıştı. Eli yarasının üzerinde olduğu halde gömülmüştü. Onu kabrinden başka tarafa defnetmek için (biraz daha ileriye) kaldırdıklarında eli yarasının üzerinden kaydı. İşte o an yara tekrar kanamaya başladı. Bir benzer hadise de Hz. Hamza'da görüldü. Toprağı açılırken demir parçası mübarek ayağına değince, ayağı kanamaya başlıyor. Yeni kabirlerine taşındıklarında her tarafa misk kokusu gibi müthiş bir koku yayıldı.

Uhud sıradan bir yer değil, olağanüstü hadiselere şahit olunan bir yerdir. Uhud öyle bir yer ki, şehitler sanki Resulullah'ın[sav] mescidine manevi anlamda yürüyüp gidiyorlar. Hz. Peygamber'i alıp Uhud'a misafir etmeye getiriyorlar... Sanki... Sanki...

UHUD ONUN AŞKINA CEZBEYE KAPILDI

Uhud günü Allah Resulü'nun mübarek kalbinde öyle derin bir iz bırakmıştır ki, o günler her zikredildiğinde şehit olan dostlarını özlercesine hep şöyle buyururdu;

"Vallahi! Ashabımla birlikte ben de şehit olup Uhud dağının dibinde gecelemeyi ne kadar isterdim."

Onların kabirlerini ziyaret ettiğinde şöyle buyururdu; "Onların (iman ve sadakatlerine) şehadet ederim."

Ve Uhud dağının faziletine işaret ederek şöyle buyurmuşlardır; "Uhud öyle bir dağdır ki, o bizi çok sever, biz de onu çok severiz."

Bir gün Uhud dağının üzerindeydi. Allah Resulü dostlarına selam vermeye gelmişti. Yanında Hz. Ebubekir, Hz. Ömer ve Hz. Osman vardı. Birden bire Uhud sallanmaya başladı. Adeta cezbe hali yaşıyordu. Allah Resulü mübarek ayağını toprağa vurdu, şöyle buyurdu;

"Üsbut Ya Uhud! Fe inne ma aleyke nebiyyun. Ve sıddıkun ve'ş şehidan." "Sus Uhud! Yerinde dur. Senin üzerinde bir peygamber, bir Sıddık (Ebubekir), iki şehit (Hz. Ömer ile Hz. Osman'ın ilerde şehit olacağına işarettir) var..."

İşte bu şevk, bu sarsıntı hep onun(sav) aşkınaydı.

Anlıyorum seni Uhud. Ey Resulullah'ın ashabını misafir eden dost anlıyorum. O sarsıntı şuna işaretti; "Bizi daha çok ziyarete gelsen ey Allah Resulü" demek istiyordu sanki. Uhud dağı dile gelse aşkını itiraf edecekti. Yüzü olsa o mübarek ayağı öpüp koklayacaktı.

ÂLİMLERİN SERDARI SAHABEYİ ANLATIYOR

Kitabımızın sayfaları içinde Hasan-ı Basri'den bahsetmiştik. İmam Gazali, İhyau Ulumiddin adlı eserinde onu şöyle tasvir eder:

"Hasani Basri'nin konuşmasının, peygamberlerin konuşma tarzı ile büyük bir benzerliği olduğuna ittifak edilmiştir. Bu benzerlik, başka terbiyecilerin (nasihat eden) sözlerinde görülmemiştir. Aynı şekilde hayat tarzı da sahabe-i kiramın hayat tarzına çok benzerdi."

O, sahabeyi görme şerefine ulaşmış eşsiz bir zattı. Onların ahlakı ile ahlaklanmıştı. Fazilet ve takvada nihayetinde ilim sahasında öyle bir mertebeye ulaştı ki, dalgalanan bir deniz gibi, etrafına ışıklar saçıp aydınlatan bir lambaya adeta dönüştü. Öyle kuvvetli bir hatipti ki o konuşurken kalplerde ağlama hissi oluşurdu. Bu kitapta onun isminin yazılı olması bile bize şeref olarak yeter.

Binlerce insan onun meclisinde edeple diz çökmüş bir halde, ulemanın sultanı Hasan-i Basri'yi pür dikkat dinlemekte. Gene yürekleri coşturan, yürekleri yakan vaazlarından bir vaaz vermekte. Yanına edeple yaklaşıp kulak verelim. Mihrabı dolduran ihtişamı ile şöyle konuşmakta;

"Vah vah, aşırı istekler, hayali beklentiler, insanları mahvetti. Laf çok, amel ve uygulamadan eser yok. İlim var, fakat gereğini yerine getirmek için ne azim ne de gayret var.

Mümini güzel giyimi ve zorluğa katlanması yoksulluğunu örtmeli. Zengin olursa itidalli olmayı elden bırakmamalıdır. Sadaka ve fakirlere harcamalarında şefkatli, perişan durumda olanlara merhametli, haklıya hakkını vermekte cömert ve geniş kalpli, adalet ve insafta dürüst olmalıdır.

Mümin, birinden buğz (Nefret) ettiğinde aşırıya gitmez. (nefsine yenik düşmez). Birine sevgi ve muhabbet beslediğinde onun hakkında şeriatten taviz vererek, onu kayırarak günah işlemez. Ne kusur arar, ne alay eder. Asla laf taşımaz, dünya aşkı peşinde koşmaz. Lüzumsuz sözler sarf etmez. Az konuşup, tefekkür hali yaşar. Hakkı olmayan şeyin peşine düşmez. Başkalarının başına gelen musibet ve felakete sevinmez.

Müminin namazı huşu içinde olur. Rükûya gidişi çok isteklidir. Secdeyi arzular. Kendine bir kötülük yapıldığında yumuşak bir halle mukabele eder. Zulüm gördüğünde sabreder.

Allah'tan daimi yardım ister. Ona sığınır. Toplum içinde vakarlıdır. Yalnız kaldığında haşyetten (Allah korkusundan) gözyaşları döker. İşte... İşte Hz. Resulullah'ın⁽ˢᵃᵛ⁾ sahabesi böyleydi. Onlar şanlarına yakışır şekilde yaşadılar. Sonra teker teker Yüce Allah'a ulaştılar.

Ey müminler! Sizden önce gelen salih zatlar da işte böyleydiler. Ne var ki dünya uğruna siz değiştiğiniz için Allah da sizi değiştirdi. Ra'd suresinin bu müthiş ayetinin derinliğini tefekkür edin; "Bir millet iyi hallerini, kötü ve fena hale çevirmedikçe Allah o milletin halini kötü hale çevirmez. Allah bir topluluğa da bir kötülük diledi mi onun geri çevrilmesi imkânsızdır. Ve toplum için Allah'tan başka bir koruyucu yoktur." Dedi ve mecliste gözyaşı hâkim oldu. Hasani Basri hazretleri sözünü bitirdi ve kendi iç âlemine döndü.

Bir başka seferinde sahabe-i kiramın yüce hallerini şöyle anlatıyordu.

Takva sahibi müminlerin niteliğini anlatan Furkan suresinin ayetlerini açıklarken İslam âleminin medar-ı iftiharı Hasan Basri şöyle buyurur; "Bu davet ilk müminlerin kulağına ulaşınca onlar hemen iman edip, davete icabet ettiler. Bu davete iman onların kalplerinin derinliklerine işledi. Onların kalpleri, bedenleri, gözleri Allah'ın heybeti ve azameti karşısında eğildi. Vallahi ben onlar gibisini görmedim.

Onlar birbiriyle çekişen ve yanlışın peşinde koşan kişiler değillerdi. Lüzumsuz işlerle uğraşmazlardı. Bakınız Furkan suresindeki ayet-i kerime onları ne güzel övüp, tarif etmektedir; Rahman olan Allah'ın (has) kulları onlardır ki, yeryüzünde tevazu ile yürürler. Cahiller kendilerine laf attıklarında da 'selam' derler."

Sahabe cahillerin serzenişine aldırış etmeyip selametle der geçerdi. Allah onların gecelerini hayırlı gece olarak bildirmiş ve şöyle buyurmuştur; "Onlar gecelerini ayakta durarak ve secde yaparak geçiren kimselerdir."

Gerçekten onlar ayakları üzerinde uzun uzun kıyam edip, yüzlerini yere sürerek secde yaparlardı. Onların yanaklarında gözyaşlarının bıraktığı çizgiler vardı. Allah korkusu onların yüreklerini titretirdi. Geceleri uykusuz, gündüzleri Allah korkusu ile geçirmek onlar için bir mesele değildi. (Ebu'l Hasan en-Nedvi, İslam Önderleri Tarihi Cilt 1, özetle 91,96 sahifesi)

Kur'an-ı Kerim'de Uhud

GİRİŞ

Bu başlık altında Yüce Rabbimin yardımıyla Uhud harbi hakkında inen ayet-i kerimeleri inceleyeceğiz. Uhud, iman ve küfürün aynı yürekte yer alamayışının en büyük delilidir. Bunu müşahade edeceğiz. İnen ayetlerin muhtevası ve hikmetleri sarsıcı mahiyette. Sahabe-i kiramın yaşamış olduğu imtihan, onların dik duruşu ve Hz. Peygamber'e olan bağımlılıkları iman eden ve etmeyen tüm insanlığı ihata edip kuşatacak kadar sarsıcı bir hadise.

Yüreklerimize Hz. Muhammed[sav] sevgisini bahşeden Yüce Allah'a hamdü senalar olsun... Bu hamdı neden burada yazdığımı ileride ayetleri tahkik ederken anlayacaksınız. Sahip olduğumuz ve yolunda yürüdüğümüz Hz. Muhammed'in[sav] ne kadar kıymetli olduğunu bir kez daha anlayacağız. Ve Uhud bize şu dersi verecek;

Nasıl ki sahabe Hz. Peygamberin "Okçular yerini terk etmesin" emrine muhalefet edip Uhud'da yara aldılarsa Hz. Peygamberin emrine itirazın bedelini 70 veya 75 sahabenin şehadetiyle ödedilerse bu gösteriyor ki Uhud'daki imtihan kıyamete kadar devam edecek.

O imtihan şudur ki; Hz. Peygambere tam bir teslimiyet olmadığı sürece ümmetin hataları tekrar edecek. Yüce Allah son nefesimizi verene kadar her halimizi Hz. Muhammed'e$^{(sav)}$ benzetsin. Onu anlamayı ve anlayıp emirlerini hayatımızda yaşatabilmeyi nasip eylesin... İnşallah...

Uhud'la ilgili inen ayetler hakkında birçok tefsir kitabını inceleme fırsatım oldu. Tefsirler arasında bu ayetlerle ilgili farklı bakış açısına sahip görüşleri değerlendirmeye gayret ettim. Elbette her âlimin bu ayetlere getirdiği tadına varılmaz tesbitlerine yer verseydim kitabın hacmi oldukça büyürdü. Genel anlamda yararlandığım tefsirleri kaynakçada belirttim.

İlk inceleyeceğimiz Al-i İmran suresinin 137. ayetine kitabın sonunda özel bir bölüm açtım. O son bölüm hakkında birkaç söz söylemek istiyorum. Ayette geçen "Yeryüzünde gezip dolaşın da hakkı yalanlayanların akıbetinin nasıl olduğunu bir görün" ifadesini daha iyi kavrayabilmemiz için, ayetin hedef aldığı helak olan kavimlerin kim olduğunu izah ettik. Helak olan kavimlerden Ad ve Lut kavmi üzerine düşüncelerimizi belirttik. Sadece Ayette ifade edilen "Hakkı yalanlayanlar" başlı başına bir kitap konusudur. Kur'an-ı Kerimde hakkı yalanlayan birçok kavimden bahsedilse de Kitabın amacının dışına çıkmamak için, biz iki büyük peygamberin çilesine misafir olduk. Kur'an ikliminde geniş bir yolculuğa çıktık. Helak olan iki ayrı kavmi anlatan birçok sureyi inceleyip ayetleri burada bir araya getirip tefsir kitaplarına müracaat edip ayetlerin zahiri anlamları kadar batıni anlamları olan, iç âlemlerine nüfus ettik. İç âlemlerine nüfus ettik derken ayetlerin ince manalarına dikkat çekmek istiyorum. Kur'an öyle bir kitaptır ki hiçbir kelimesi boş yere cümledeki yerini almamıştır. Her kelimesinin mutlak manada bir hikmeti vardır. Biz o hikmetin peşindeyiz. O hikmeti anlamamız içinde ayetlerin üzerine uzun uzun tefekkür etmemiz gerekiyor. Yüce Allah ayetlerin içine öyle sırlar yerleştirmiştir ki, ancak üzerinde derin derin düşünüldüğünde ortaya çıkarılabilir. Bir kez okumakla bu incelikleri yakalamanız mümkün değildir. Surelerin başı ile sonu arasında öyle münasebetler vardır ki bunu ancak Kur'an üzerine bir ömür harcandığında kelimeler arasında ki hikmetlerin farkına varılabilir. Elbette bunun için ilim kadar bir o kadar da ince bir zekâ gerekiyor. Mesela kehf suresini düşünelim. Kehf Arap dilinde dağlardaki oyuk mağara, demektir. Mağaranın dışında olduğumuz halde mağaranın içinde ne olduğunu bilebilir miyiz? Elbette ki bilemeyiz. Mağaranın içine nüfus etmeden mağarayı tanıyamayız, mağaranın özelliklerini, içinde neler barındırdığını bilemeyiz. İşte Kur'an Kehf suresine başlamadan bize bu inceliği sureye verdiği "Kehf" ismi ile öğretmektedir. Sanki yüce Allah şöyle buyuruyor: "Benim kitabımda öyle incelikler, öyle hakikatler vardır ki dışından bakmanızla öğrenemezsiniz. İçine gireceksiniz ki ayetlerimi tekrar tekrar okuyacaksınız ki bunları kavrayabilesiniz."

Bazen ayetler arasındaki münasebetlere değindik. Aynı zamanda ayetlerin inceliklerine temas edip Kur'an'ın olayları anlatırken özellikle seçtiği kelimelerin hikmetlerini anlatmaya gayret ettik. Kitabın özellikle tefsir bölümünü inceleyip lüzumlu yerlerinde yapıcı uyarılarından beni mahrum bırakmayan muhterem babam, hocam Prof. Dr. Nihat Hatipoğlu'ndan Yüce Allah kum zerresi adedince razı olsun. Kendisinden hoşnut olsun. Kendisine Allahtan hayırlı ve irşad dolu bir ömür dilerim.

Yüce Allah bu mütevazi çalışmamızı kendi katında kabul buyursun. Mahşer günü rızasını kazanabilmemiz için bir vesile eylesin inşallah.

Uhud'la ilgili inen ayetler

YERYÜZÜNÜ GEZİN DE İBRET ALIN

137. Ayet: *"Sizden önce nice ibretlik olaylar gelip geçti. Yeryüzünde gezip dolaşın da (hakkı) yalanlayanların akıbetinin nasıl olduğunu bir görün!"*

138. Ayet: *"Bu (olaylar veya Kur'an), insanlar için bir açıklama; takva sahipleri için de bir hidayet ve öğüttür."*

139. Ayet: *"Gevşeklik göstermeyin, üzüntüye kapılmayın. Eğer inanmışsanız üstün gelecek olan sizsiniz."*

AYETLERİN İZAHI

Cenab-ı Hak buyuruyor ki; "Sizden önce, peygamberlerini yalanlayan ümmetlerin başından nice ibretlik olaylar gelip geçti." Evet. Ayetin muhtevası tüm çağlara şu mesajı veriyor: Sünnetullahın gereğidir ki, ilahi hükümler uygulandı. Allah'ın hükümlerinde değişiklik göremezsin. Sizden önceki ümmetlerde şunlar yaşanmıştır ki; Onlar peygamberlerini yalanlayınca azap etmedim onlara mühlet verdim. Onları kendileri için belirlediğim vakte kadar muhayyer bıraktım. Vakti gelince helak ettim. Ne var ki peygamberimle saf tutanları galip getirdim. Tevhidi, hakikati yalanlayanlar helak oldu ve yerle bir olmuş eserleri ile kaldı. Bunu da sonradan gelenlere ibret olsun diye bıraktım. Yeryüzünde gezip dolaşın da onların akıbetini yakından öğrenin ve önceki peygamberi yalanlayanların nasıl hüsran olduklarına tanık olun! Yalanladığınız peygambere[(sav)] karşı sizin de akıbetiniz böyle olur.

Devam eden ayette; "Bu bütün insanlığa açıklamadır" buyuruyor. Şöyle ki; Kuran'ın içindeki emirler bütün açıklığı ile ortaya konmuş ve önceki ümmetlerin düşmanları ile aralarında geçen hadiseleri ortaya koymuştur. Size ibret almanızı emrettiğimiz bu hadiseler, kâfirlerden ibret almak isteyenlere bir açıklamadır. Takva sahipleri için de bu Kur'an, kalpleriniz için hidayet kaynağıdır.

Yüce Allah sahabeye önceki milletlerden nasihat verdikten sonra, Uhud'da yaşananlara üzülmemeleri için de devam eden ayetlerde şöyle buyuruyor; "Gevşeklik göstermeyin, üzüntüye kapılmayın." Bu ayeti kerime sahabe-i kirama moral verme sadedindedir. Şöyle ki: Hezimetten dolayı zafiyete düşmeyin, sizden öldürülenler için de üzüntüye kapılmayın. Her ne yaşanmış olursa olsun durum itibariyle siz onlardan üstünsünüz. Şüphesiz siz, hak üzerinesiniz. Sizin harbiniz Allah içindir ki, ölülerinizin durağı cennettir. Onlar ise harbe nefislerine yenik düşüp geldiler ki, batıl üzereler. Onlar cehennemliktir.

SABREDENLERİN YÜREĞİ BEMBEYAZDIR

140. Ayet: *Eğer size (Uhud'da) bir yara dokunmuşsa, şüphesiz o kâfir topluluğu da (Bedir'de) benzer bir yara almıştı. Biz, bu şekilde (iyi veya kötü) günleri insanlar arasında döndürür dururuz. Allah, iman edenleri (münafıklardan ayırıp) ortaya çıkarmak ve sizden bazılarını şehit edinmek için böyle yaptı. Allah zalimleri sevmez.*

141. Ayet: *Bir de Allah, (bu şekilde) iman edenleri günahlardan temizlemek ve kâfirleri helak etmek ister.*

142. Ayet: *Yoksa Allah içinizden cihad edenleri ve sabredenleri ortaya çıkarmadan cennete girebileceğinizi mi sandınız?*

143. Ayet: *Gerçekten siz, ölümle karşılaşmadan önce onu temenni ediyordunuz; işte şimdi onu karşınızda gördünüz.*

AYETLERİN İZAHI

Uhud'da size bir yara dokunmuşsa, o kâfirlere de Bedir'de benzer bir yara dokundu. Önce siz Peygamberin(sav) emrine muhalefet etmeden onlara galip geldiniz ki hezimete uğrattınız. Devam eden ayet-i kerime şöyle buyurmakta: "O günleri biz insanlar arasında döndürür dururuz." Evet.. Bu ayet şunu ifade ediyor ki; Her ne kadar nihayet sizin olacaksa da bizim katımızdaki hikmetimiz gereği size düşmanlarınızı da galip getiririz. Bundan dolayı Yüce Allah şöyle buyurmuştu; "Ta ki Allah, iman edenleri ortaya çıkarsın." Aslında mağlup olmaları İslam ordusunun muzaffer olacağına işarettir. O gün sahabenin mağlup olmasına sebep olanlar arasında münafıklar da vardı. İslam ordusunu terk etmeleri buna örnektir. Sahabe o gün için mağlup olmuştur ne var ki ileriki yıllarda Allah onlara Mekke fethini nasip edecekti. Asıl mağlup olanlar ise müşrikler ve münafıklardı. O gün için galip görünseler de, ileriki yıllar İslam ordusunun önünde hepsi diz çökecekti. Bu ayeti böyle de değerlendirmemiz bize ışık ışık olacaktır. Çünkü "O günleri biz insanlar arasında döndürür dururuz" ayeti ile arasında bir münasebet vardır. "Ta ki Allah, iman edenleri ortaya çıkarsın" ayetini tefsir eden sahabenin en büyük fakihlerinden Hz. Abdullah İbni Abbas der ki; "Düşmanla savaşmaya kimin sabır göstereceğini görmemiz için bu böyledir."

Allah'ın müşriklere galibiyet fırsatı vermesi onları sevdiği anlamına gelmez. Hiç şüphesiz Allah zalimleri sevmez. Allah'ın onlara galibiyeti vermesi, müminlerin lehinedir ki, iman edenlerin günahlarından temizlenmesi için birer vesiledir.

Yüce Allah devam eden ayette şöyle buyuruyor; "Yoksa Allah içinizden cihad edenleri ve sabredenleri ortaya çıkarmadan cennete gireceğinizi mi sandınız?"

Şüphesiz ki öyledir. Yüce Allah bütün kalplere sesleniyor. Bu müthiş ayet şunu ifade etmek istiyor: İmtihan edilmeden Allah kendi yolunda kimlerin samimiyetle, bir adım ötesi ihlasla cihad ettiğini, düşmana karşı direnmede kimlerin sabır gösterdiğini ortaya çıkarmadan cennete giremezsiniz.

Kuran-ı Kerimde bu duruma dair başka ayeti kerimelerde mevcuttur. Şöyle ki; "Elif. Lam. Mim. İnsanları, imtihandan geçirilmeden, sadece 'iman ettik' demeleriyle bırakılabileceklerini mi sandılar?"(Ankebut 1,2)

143. ayet şöyle buyurmuştu: "Ölümle yüz yüze gelmeden önce onu temenni ederdiniz, işte şimdi onu karşınızda gördünüz." Bu ayet hakkında Hafız İbni Kesir tefsirinde şöyle bir mana verir: "Ey müminler! Siz bugünden önce düşmanla karşılaşmak, onlarla savaşmak için yanıp tutuşuyordunuz. İşte arzu ettiğinize eriştiniz."

Müfessir İbni Kesir ayeti izah ederken Allah Resulü'nün[sav] şu Hadis-i Şerifini de delil getirir. İnsanlığın Medar-ı iftiharı buyuruyor ki; "Düşmanla karşılaşmayı temenni etmeyiniz. Allah'tan her zaman afiyet talep ediniz. Düşmanla karşılaştığınızda da sabırlı olunuz. Biliniz ki cennet kılıçların gölgesi altındadır." İşte bundan dolayı Yüce Allah "şimdi onu karşınızda gördünüz" buyurdu. Yani ölümü gördünüz. Onu kılıçların şakırtısında, savaş içinde gelen düşman askerlerinin saflarında müşahede ettiniz.

RESULULLAH⁽ˢᴬⱽ⁾ VEFAT EDERSE SÖZÜNÜZDEN Mİ DÖNECEKSİNİZ?

144. Ayet: *"Muhammed ancak bir peygamberdir. Ondan önce de peygamberler gelip geçti. Şimdi o, ölür ya da öldürülürse gerisin geriye (eski halinize) mi döneceksiniz? Kim geri dönerse Allah'a hiçbir şekilde zarar vermiş olmaz. Allah, şükredenleri mükâfatlandırır."*

145. Ayet: *"Muhakkak her nefsin ölümü Allah'ın iznine bağlıdır; hepsinin ölümü belli bir süreye göre yazılmıştır. Her kim, dünya nimetini isterse kendisine ondan veririz; kim de ahiretin sevabını isterse ona da bundan veririz. Biz şükredenleri mükâfatlandırırız.*

AYETLERİN İZAHI

Şu an izahını yaptığımız 144. ayette Allah Teâlâ bütün iman eden yüreklere sesleniyor. "Hz. Peygamber⁽ˢᵃᵛ⁾ vefat eder ya da şehit edilirse dinden dönecek misiniz?" buyurarak böyle bir şeye yeltenmelerini kınıyor. Elbette sahabe-i kiramın böyle bir düşüncesi yoktu. Onlar tam bir teslimiyet ile Allah'a ve Resulüne bağlılardı. Müslümanların azmini kırmaya çalışan müşriklerin sözlerine kulak vermemeleri gerektiğine dair bir emir bu ayet. Aynı zamanda Hz. Peygamberin vefatından sonra peygamberimizin vefatını fırsat bilip dinden dönüp (irtidad hareketleri) peygamberlik iddiasında bulunup insanları batıl yola sürükleyen cahillere de sesleniyor.

"O, ölür ya da öldürülürse" ayeti hakkında tefsir kitaplarında şöyle bir bilgi verilmektedir.

Savaşın bir yerinde Müslümanlar arasında, "Allah Resulü öldürüldü!" diye bir haber yayıldı. Müslümanlardan bazısı, "Keşke

İbn Ümey, bizim için Ebu Süfyan'dan eman alsa" dediler. Bazı münafıklar da, "Eğer o, gerçekten peygamber olsaydı, öldürülmezdi; siz ilk dininize dönün" dediler. Bunun üzerine Hz. Enes b. Malik'in amcası Hz. Enes b. Nadr Müslümanlara şöyle seslendi: "Eğer Muhammed öldürüldü ise hiç şüphesiz Muhammed'in Rabb'i ölmez. Ondan sonra yaşayıp da ne yapacaksınız? O ne için savaşmışsa siz de o uğurda savaşın. O ne için ölmüşse siz de o uğurda ölene kadar savaşın." Sonra, "Allah'ım ben bu Müslümanların yaptığından dolayı senden özür diliyorum, şu kafirlerin yaptığından da sana sığınıyorum" dedi ve kılıcını kuşanıp savaş alanına daldı, şehit olana kadar çarpıştı..

Devam eden ayet-i kerime İslam'dan dönmek için sebep arayanlara şöyle hitap ediyor: "Kim irtidad (dinden dönen) edip dininden geri dönerse Allah'a hiçbir şekilde zarar vermiş olmaz, o kimse ancak kendisine zarar verir. "

Allah, sebat edip dininden şüphe duymayan sahabe-i kiramdan razı olduğunu devam eden şu ayetle haber veriyordu: "Allah, şükredenleri mükâfatlandırır."

Devam eden ayeti kerime "Hem, Allah'ın izni olmadan hiçbir nefsin ölmesi söz konusu değildir." buyurmakta. Her nefis ancak O'nun iradesi ve dilemesiyle ölür yahut onun ölümü, ruhunu kabzetmesi için meleğe verdiği izinle gerçekleşir. Ayetin manası başka bir ifade ile şöyledir:

Hiç şüphesiz her nefsin ölümü için Allah Teâlâ'nın ilminde ve takdirinde belirli bir vakti vardır; bu vakit ne bir saat ertelenir ne de öne alınır. Bu vakit, savaştan geri durmakla tehir edilemeyeceği gibi savaşa atılmakla da öne alınmış olmaz.

Bu ayette, Müslümanlar savaşa cesaretlendirilmektedir. Ayrıca onda Hz. Peygamber için kendisinin korunacağına ve ecelinin daha sonra olduğuna dair bir işaret vardır. Hiç şüphesiz Allah Teâlâ, ölüm vaktini, kendi katında kesin bir vakit olarak belirlemiştir, o vakit ne ileri alınır ne de geri bırakılır. Ganimet derdine düşerek merkezden gelen emre muhalefet eden okçuları şu ayet tasvir ederken "Her kim dünya nimetini isterse kendisine ondan veririz" okçular tepesinden inmeyip emre itaat edenleri de medhu sena ederek Yüce Allah şöyle buyurmakta "kim de ahiretin sevabını isterse ona da bundan veririz. Biz şükredenleri mükâfatlandırırız."

HZ. EBU BEKİR AĞLIYORDU

"Muhammed ancak bir peygamberdir. Ondan önce de peygamberler gelip geçti." Ayeti hakkında büyük alim İbn Kesir tefsirinde der ki: "Hz. Ebubekir-i Sıddık[ra], Resulullah[sav] vefat ettiğinde bu ayeti okumuştur." O hüzün anını hatırlayalım...

Hz. Aişe'den[ra] rivayet edildiğine göre: Hz. Ebubekir, Sünh denilen yerdeki evinden at üzerinde geldi ve mescide girdi. Hiç kimseyle konuşmadan Hz. Aişe'nin yanına gitti. Resulullah'ın[sav] üzeri örtülüydü. Sağ tarafından Hz. Peygamber'e yanaştı. Yüzündeki örtüyü kaldırdı. Ona doğru eğildi, tazim ve hürmetle onu öptü ve ağladı. Sonra şöyle dedi; "Anam, babam sana feda olsun! Allah'a yemin olsun ki! Allah seni iki kere öldürmez. Allah'ın senin için yazmış olduğu ölümü tattın."

İmam Zührî, Hz. Abdullah İbn Abbas'tan şöyle rivayet etmiştir: Hz. Ebubekir dışarı çıktığında Hz. Ömer insanlarla konuşuyordu. Hz. Ömer inanamıyordu Allah Resulunun vefat ettiğine. Hz. Ömer Öylesine gergindi ki elinde kılıçla 'Kim Resulullah vefat etti derse kılıcımla ona yöneleceğim' diyordu. Ona "otur ey Ömer!" dedi. Sonra şöyle dedi; "Allah'a hamd ve peygamberine salattan sonra şunu bilin ki! Kim Hz. Muhammed'e tapıyorsa bilsin ki Hz. Muhammed ölmüştür. Kim de Allah'a tapıyorsa muhakkak ki Allah diridir. Ölmez. Zira Allah (cc) şöyle buyurmuştur: "Muhammed, ancak bir peygamberdir. Ondan önce de peygamberler gelip geçmiştir. Şimdi o ölür ya da öldürülürse, gerisin geriye (eski dininize) mi döneceksiniz? Kim (böyle) geri dönerse, Allah'a hiçbir şekilde zarar vermiş olmayacaktır. Allah, şükredenleri mükâfatlandıracaktır." Ravi (bu sözleri aktaran) şöyle demiştir: Allah'a yemin olsun ki sanki insanlar, Hz. Ebubekir bu ayeti okuyana kadar böyle bir ayetten habersizdiler. Bunun üzerine oradaki herkes bu ayeti okudu. Bu ayeti duyan herkes onu okuyordu. Said b. Müseyyeb'in bana haber verdiğine göre Hz. Ömer şöyle demiştir; "Allah'a yemin olsun ki Hz. Ebubekir bu ayeti okuyunca üzerimden terler boşaldı. Ayaklarım beni taşıyamadı da yere kapaklandım."

ALLAH YOLUNDA SAVAŞAN ÂLİMLERİ UNUTMAYIN

146. Ayet: *"Nice peygamberler var ki, kendileriyle beraber birçok Allah dostu çarpıştı da bunlar Allah yolunda başlarına gelenlerden yılmadılar, zaafa düşmediler, boyun eğmediler. Allah, sabredenleri sever."*

147. Ayet: *"Onların sözleri ancak, 'Rabbimiz! Bizim günahlarımızı ve işimizdeki taşkınlıklarımızı bağışla ve (yolunda) ayaklarımızı sağlam tut. Kâfir topluma karşı bize yardım et' demekten ibaretti."*

148. Ayet: *"Allah da onlara hem dünya nimetini, hem de ahiretin güzel mükâfatını verdi. Allah, güzel davrananları sever."*

KÂFİRLERE HİÇBİR ZAMAN BOYUN EĞMEYİN

149. Ayet: *"Ey iman edenler! Eğer kâfirlere uyarsanız, onlar sizi gerisin geriye (eski dininize) döndürürler ve sonra ziyana uğrarsınız."*

150. Ayet: *"Bilakis, sizin dostunuz Allah'tır. O, yardımcıların en hayırlısıdır."*

AYETLERİN İZAHI

Müşrikler, münafıklar ve Yahudiler Uhud'un Müslümanların mağlubiyetiyle sonuçlanmasını fırsat bilerek fitne çıkarıp demişlerdir ki; "Eski dininize dönün. Eğer o gerçek peygamber olsaydı başınıza bunlar gelmezdi." Buna benzer hezeyanlar ileri sürüp kafa karıştırmaya çalıştılar.

Ayeti kerime sahabe-i kirama hitap ederek buyuruyor ki; bir anlık bir hata ile Ebu Süfyan (müşrik lider) ve emsallerine boyun eğip, sizlere eman vermesini dilerseniz onlar istekleriniz karşısında sizden imanınızı isterler. Onlara uyarsanız dininiz hakkında fitneye düşersiniz. Amelleriniz boşa gider. Hüsrana uğrarsınız. Bilakis onların fitnesine tenezzül etmeden imanınızda sebat edin. Hiç şüphesiz sizin dostunuz Allah'tır. O size yardım eder ve sizi izzete kavuşturur.

Ebu Süfyan Uhud'dan dönerken yolda; "biz ne kötü bir iş yaptık. Müslümanların kökünü kazıyana kadar savaşmalıydık. Geri dönüp savaşalım" dedi. Bunun üzerine Yüce Allah onların kalbine öyle bir korku hissi bıraktı ki, takatleri kesildi. Öyle ki, ordunun arkasına bakmaya korkar oldular. Geri dönmeye cesaret edemediler. 151. Ayet bu durumu şöyle anlatıyor:

KÂİNATIN SAHİBİ KİM?

151. Ayet: *"Allah'ın, hakkında hiçbir delil indirmediği şeyleri O'na ortak koşmaları sebebiyle, kâfirlerin kalplerine yakında korku salacağız. Gidecekleri yer de cehennemdir. Zalimlerin varacağı yer ne kötüdür!"*

AYETLERİN İZAHI

Ayette geçen "Allah'ın hakkında hiçbir delil indirmediği şeyleri ona ortak koşmaları "ifadesiyle hedef alınan; müşriklerin kendi elleri ile çamurdan yaptıkları ilah olarak kabul ettikleri putlardır. Oysaki o putların hiçbir şekilde tasarruf güçleri yoktur. Olamaz da. O putların yer de gezen karınca kadar güçleri dahi yoktur. Müşrikler buna rağmen hem Yüce Allah'a boyun eğmiyor, bununla da kalmayıp arkasına sığınacak bir hüccet de bulamayıp kendi elleri ile oluşturdukları putlara tapıyorlar. Bugün o putlardan geriye bir şey kaldı mı? Hamd olsun ki, Kur'an-ı Kerim indiği günden bu zamana insanlığı aydınlatmaya devam ediyor.

Hz. İbrahim'in(as) irşad olunup Yüce Rabbi'ni buluşu ne kadar manidardır. Kendisine vahiy gelmeden önce, şirk içinde putlara boyun eğen bir toplumdan dolayı bunalmaya başlamıştı. Hz. İbrahim şaşkınlık içindeydi. Hayret ediyordu kavmine. Kavmi kendi elleriyle yonttuğu putlara tapıyordu. İradelerini kaybetmişlerdi. Hz. İbrahim daraldığı bir gün (Bu hadise bazı tefsir kitaplarında Hz. İbrahim'in kavmine hakkı öğretebilmek için, kavmine verdiği bir örnek olarak da anlatılmaktadır.), uzaklara çok uzaklara gidecekti. Daralacaktı. Nefes alamayacaktı. Fıtratı gereği insanların düştüğü bu dalalete dayanamayacak, hakikati bulma peşinde yürüyecekti.

Bir yıldız görecekti. İşte diyecekti, işte rabbim budur. Daha sonra yıldızın söndüğünü görünce, ben böyle sönüp batanları sevmem diyecekti. Bu sefer ayı görecek, rabbim budur diyecek. Onun da battığını görünce hayır rabbim bu olamaz diyecekti.

Vakit gelince semanın kapıları açılacak, Hz. İbrahim'e vahiy inecek ve Hz. İbrahim rabbini bulacak. Rabbini tanıyacak. Onun kudret ve azametini müşahede edecek. Peygamberlik görevini ihya edecekti. Allah'ın selamı onun üzerine olsun...

Yaratılan her kul tıpkı Hz. İbrahim gibi kâinatın muhteşem dengesini müşahede etmeli. Etmeli ki rabbinin kudretine bin kez boyun eğmeli. Kâinata ibret nazarıyla bakabilen mutlaka batıl inançlardan kurtulup rahman olan Allah'ın nuru önünde diz çökecektir.

Allah gökyüzünden üzerimize yağmur yağdırmakta. Bu olay, denizlerden suların buharlaşarak gökyüzüne yükselmesi, orada bulut haline geldikten sonra yeryüzünün muhtelif bölgelerine yağmur şeklinde dönmesiyle mümkün olmaktadır. Bunlar bir insanın, bir putun güç yetirebileceği bir hadise midir? Evrendeki ve evrenin yaratılışındaki her şey Yüce Allah'ın azametini ispatlayan deliller değil midir?

NEDEN ALLAH'IN VARLIĞINI İNKAR EDERLER

Geçmişte ve günümüzde de bazı insanlar Allah'ın varlığını inkâr etmişlerdir. Onlar duyuları ile algılayamadıklarına inanmazlar. Aslında inanıyorlar ama itiraf edemiyorlar. İnanmadıklarını dile getiriyorlar. Duyuları ile algılayamadıkları nice şeyler var ki onlara inanıyorlar ama. Duyuları ile algılayamadıkları Yüce Allah olunca yalanlıyorlar. Ne yaman bir çelişki... Onların yaşadıkları hayat bile onları yalanlıyor. Yerçekimi kanununu görmüyorlar fakat inanmak zorunda kalıyorlar. Çünkü tesirini görüyorlar. Aklı görmedikleri halde akla inanıyorlar. Acıyı görmedikleri halde "acı diye bir şeyin var olduğuna" inanıyorlar. Mıknatısın çekim gücüne inanmak zorunda kalıyorlar. Çekim gücünü görmedikleri halde iki demirin birbirini çektiğini gözleri ile görüyorlar. Bu konuda yazabileceğim örnekler bir kitap konusu olacak kadar geniştir. Ben sadece onların düşüncelerinin ne kadar isabetsiz olduğunu dile getirmeye çalıştım. Onların algılayamadıkları halde inandıkları bu örneklere rağmen Yüce Allah'ın varlığına inanmıyor olmaları: Hangi ilme, hangi usule, hangi mantığa uyar? Demek ki onlar, görmeden algılayamadan da bir şeylere inanabiliyorlarmış. Peki, neden Yüce Allah'ın varlığını tartışıyorlar? Onların Yüce Allah'ı inkâr etmelerinin tek bir sebebi var. O sebep sadece nefislerdir. Kibirleridir. Yüce Allaha inansalar Yüce Allaha itaat edip, Kur'an-ı Kerimin emirlerine uymak zorunda kalacaklar. Onlarda böyle bir zorunluluğun içine girmek istemiyorlar. Siz onlara az önce saydığım gibi örneklerde saysanız onlar iman etmezler. Kâinatın şu eşsiz ahenginden örnekler verseniz: Gece ile gündüzün bir biri ardınca nasıl akıp gittiğini anlatsanız, dağların nasıl sabitlendiğini adeta dağların yeryüzünün sağa sola devrilmemesi için bir direk gücünü üstlendiğini anlatsanız... Hiçbir delile onlar iman etmezler. Katmanlarıyla bu gök ve yer... Devasa varlıklar, efsunlu varlıklar ve meçhul âlemler. Bu baş döndürücü âlemdeki ahenk ve uyum... Onlar hiçbir şekilde bu delillere iman etmezler. Çünkü hayır demeye kendini programlamış bir kişiye evet dedirtemezsiniz.

    Allah bir kulunun isyan ve azgınlığından dolayı kalbini mühürlediğinde artık hiçbir delil o kula fayda vermez. O: egosu, kibri ve isyankâr tavırlarından vazgeçmediği sürece Yüce Allaha iman edemez. Düne kadar bir hiç olduğunu kabul etmedikten sonra Allaha iman edemez. Allah'ın ezelini olduğunu kâinatın sonradan yaratıldığını kabul etmedikten sonra iman edemez. İman ediyorum, demedikten sonra iman onun kapısına gelmez. Ben bu kâinatı anlamakta bile zorlanıyorum Yüce Allah'ın azametine boyun eğiyorum, demedikten sonra iman onun kapısına gelmez. Şeytanın sözlerine sırt dönmediği sürece Kur'an-ı kerimden etkilenemez. Tartışıp tenkit etmek için bu dine gelene bu din kapısını açmaz. Şeytanın sözlerine sırt dönmediği sürece Allah'ın yeryüzündeki hiçbir delilinden ibret alamaz. O, şunu bile düşünemez: "Güneş ben bugün doğmayacağım deme yetkisine sahip mi? Ve güneş sürekli aynı yörüngede, hiç yörüngesinden sapmadan nasıl insanlığı aydınlatıyor? Bir kudret onu yönetmese bu sizce mümkün mü? Evrendeki her şey müthiş bir düzen içinde akıp gidiyor. Bunları insanların hizmetine musahhar kılan kimdir? Bu okyanusların sahibi kimdir?"

İnsaflıca bu delillere bakıp ders çıkarmayana kulun söyleyebileceği hiçbir şey kalmaz. Artık o yol ayrımıdır. Allah bizi şeytanın hilelerinden muhafaza eylesin.

Yüce Allah'ın varlığına dair yapmış olduğumuz bu kısa hasbihal sonrası sizleri En'am suresindeki şu müthiş ayetlerle baş başa bırakıyorum: "Şüphesiz Allah, tohumu ve çekirdeği yarıp filizlendirendir. Ölüden diriyi çıkarır. Diriden de ölü çıkarır. İşte Allah budur, o halde (haktan) nasıl çevriliyorsunuz? O, karanlığı yarıp sabahı çıkarandır. O geceyi dinlenme zamanı, güneş ve ayı (vakitlerin tayini için) birer hesap ölçüsü kılmıştır. İşte bu, aziz olan (mutlak güç sahibi) pekiyi bilen Allah'ın takdiridir. O, gökten su indirendir. İşte biz her çeşit bitkiyi onunla bitirdik. O bitkiden de kendisine üst üste binmiş taneler bitireceğimiz bir yeşillik: hurmanın tomurcuğundan sarkan salkımlar, üzüm bağları, bir kısmı birbirine benzeyen, bir kısmı da benzemeyen zeytin ve nar taneleri meydana getirdik. Meyve verirken ve olgunlaştığı zaman her birisinin meyvesine bakın. Kuşkusuz bütün bunlarda inanan bir toplum için ibretler vardır."

ARALARINDA ÇEKİŞMEYE BAŞLADILAR

152. Ayet: *"Siz Allah'ın izni ile düşmanlarınızı öldürürken, Allah size olan vaadini yerine getirmiştir. Öyle bir an geldi ki, Allah size arzuladığınız şeyi (galibiyeti) gösterdikten sonra zaafa düştünüz. İş konusunda çekişmeye girdiniz ve asi oldunuz. Sizden bir kısmı dünyayı, bir kısmı ise ahireti istiyordu. Sonra Allah, sizi denemek için onlardan (düşmanları mağlup etmekten) alıkoydu. Gerçekten Allah sizi bağışladı. Allah, müminlere karşı çok lütufkârdır."*

AYETLERİN İZAHI

Bu ayeti kerime şöyle açıklanmıştır: "Gerçekten Allah size, eğer sabreder ve isyandan sakınırsanız sizi desteklerim" şeklinde vaad ettiği yardımı yapmıştır. Bu yardım düşmanlarınızı öldürürken gerçekleşmiştir. Allah'ın yardımı ile onların hakkından geliyordunuz. Öyle bir an geldi ki siz zaafa düştünüz. Müşrikler hezimete uğrayınca aranızda okçuların yerinde kalıp kalmaması hususunda çekişmeye girdiniz. O dünyalık ganimet nefsinizi kabarttı. Bir kısmınız; "burada durmaya gerek kalmadı. Düşman dağıldı. Ganimete gidelim" dedi. Diğerleri ise "kesinlikle hayır. Peygamber benden size emir gelmedikçe yerinizden ayrılmayın" dedi. Allah size arzuladığınız zafer ve ganimeti gösterdikten sonra, peygamberin sözüne direttiğiniz için Allah da sizi imtihan etti. Siz, savaşın galibi durumundayken peygamberin emrine itaat etmediğiniz için, Allah da müşrikleri mağlup etmenizden alıkoydu. Tövbenizde samimi olduğunuzdan dolayı da "Allah sizi bağışladı. Allah, müminlere karşı çok lütufkârdır."

PEYGAMBER SAVAŞTA KORKUP KAÇMAZ

153. Ayet: *"O zaman peygamber arkanızdan sizi çağırdığı halde siz (savaş alanından) uzaklaşıyor, hiç kimseye dönüp bakmıyordunuz. Bunun üzerine Allah sizi keder üzerine keder ile cezalandırdı. Bunu, kaçırdığınıza ve başınıza gelenlere üzülmeyesiniz diye yaptı. Allah bütün yaptıklarınızdan haberdardır."*

AYETLERİN İZAHI

Ayeti kerime şöyle buyurmak istiyor: Hz. Peygamber'in talimatı dışına çıkılıp okçuların yerini terk etmesi üzerine müşriklerin çaprazlama ateşi altında kaldınız. Her bir taraftan üstünüze geldiler. Ve o anın verdiği hararetten birbirinize dönüp bakmıyordunuz bile. Bozguna uğradınız ve dağıldınız. O esnada peygamber(sav) sizi arkanızdan çağırıyordu. "Ey Allah'ın kulları, bana doğru geliniz, ben Allah'ın Resulüyüm, kim dönüp düşmana saldırırsa o cennetliktir" diye bağırıyordu. Çok zor bir andı.

Bu ayette Hz. Resulullah'ın şecaatini, cesaretini övme vardır. Dikkat ediniz dağılan orduyu toplamaya çalışıyor, yani harp alanını terk etmemiş kendileri. Düşmanın galebe çalmaya çalışan o sert gelişine rağmen Allah Resulü Müslümanlara seslenerek "Bana doğru geliniz" buyuruyorlardı. Ve dağılan Müslüman ordusunun en gerisinde duruyordu. Dağılan bir ordunun gerisinde durmak yiğitlerin işidir. Keza peygamberler, sert rüzgârların sarsamadığı kayalar kadar dik dururlar cihatta. Geri adım atmazlar. Hz. Resulullah'ın savaştan kaçması mümkün değil.

Huneyn günü Hz. Peygamber tek başına devesini 14 bin kişilik düşman ordusunun içine sürmüştür. Öyle ki Hz. Ali'nin "Ben Resulullah'ın devesini zorla durdurdum" demesi ne kadar manidardır.

Hz. Peygamber'in dik duruşunu sahabeden Hz. Bera şöyle ifade ediyor; "Vallahi biz savaş kızıştığında Resulullah efendimize sığınırdık. Bizim en cesurumuz, Allah Resulü ile aynı hizada durabilendi."

Devam eden ayette; "Allah sizi keder üstüne keder ile cezalandırdı." buyuruyor. Savaş alanını terk etmeniz üzerine size acıyı tattırdı. Bu acı müşriklerin size galip gelmesi ve kardeşlerinizi gözleriniz önünde öldürmüş olmaları acısıdır. Bunun bir sebebi de sizin emrine isyan ederek peygamberi savaş meydanında yaşadığı hadiseyle muhatap etmenizdir ki, acıya muhatap olmanızın bir sebebi de budur.

Uhud'un bu en kasvetli anından sonra Yüce Allah sahabeye bir rahmet rüzgârı gönderdi. Onlara sekinet hali bir rahatlama hali yaşattı. Endişelerini giderdi. Şimdi açıklayacağımız 154. Ayet'te bunu anlatıyor.

ALLAH MÜSLÜMANLARA RAHMET RÜZGARI GÖNDERDİ

154. Ayet: *"Sonra o acının arkasından Allah size bir güven ve uyuklama hali indirdi. Bu hal sizin bir kısmınızı kaplıyordu.*

Kendi canlarının kaygısına düşmüş bir grup da Allah'a karşı hakkın dışında cahiliye devrindekine benzer düşüncelere kapılıyorlar, "bu işte bize ait bir şey var mı?" diyorlardı. De ki; "iş tamamen Allah'a aittir." Onlar, sana açıklayamadıklarını içlerinde gizliyorlar ve "eğer bu işte bize ait bir şey olsaydı (sözümüz dinlenseydi) burada öldürülmezdik!" diyorlardı. Onlara de ki; evlerinizde kalmış olsaydınız bile, öldürülmesi takdir edilmiş olanlar, öldürülüp düşecekleri yerlere (mecburen) çıkıp giderlerdi. Allah, içinizde onları ortaya çıkarmak ve kalbinizde bulunanları göstermek için (böyle yaptı). Allah kalplerin sahip olduğu her şeyi bilir."

AYETLERİN İZAHI

Cenab-ı Hak buyuruyor ki; Ey müminler, Allah size kardeşlerinizin ölümü ve (sizin dirayetinizi sarsmak adına peygamberin öldürüldüğüne dair yalan haber yaydılar) yalan haberlerle isabet eden acıdan sonra emniyet ve sükûnet indirdi. Öyle ki, harp halindeyken sizi bir uyuklama aldı.

İbn Kesir'in tefsirinde sahabenin ileri gelenlerinden Hz. Abdullah İbn Mesud'un şu sözü zikredilir; "Savaşta uyuklama Allah'tandır, namazda ise şeytandandır."

Hz. Zübeyr Allah'tan rahmet gibi gelen bu uyuklama halini şöyle anlatır; Uhud savaşında korkunun şiddetlendiği anda ben Hz. Resulullah'ın yanındaydım. O sırada Yüce Allah bize uyuklama hali indirdi. Vallahi ben, uyuklama halinde iken münafıklardan Muatteb b. Kuşeyr'in sesini işitiyordum. O şöyle diyordu: 'Eğer bu işte bize ait bir şey olsaydı (sözümüz dinlenseydi) burada öldürülmezdik.' Bu sözü ondan duydum.

Devam eden ayetlerin izahını yapalım: Sonra bu uyuklama hali, sizden bir grubu sarıyordu. İşte onlar müminlerdir. Münafıklara gelince, onlar kendi canlarının derdine düşmüşlerdi. Onları nefisleri sürekli keder ve sıkıntıya düşürüyordu. Kalplerinde korku hissi vardı.

Bu ayetlerin akabinde Yüce Allah inançlarında zayıf olanları şöyle tasvir ediyor: "Onlar Allah hakkında yalan yanlış düşüncelere sahiptiler." Yani onlar Yüce Allah hakkında şek ve şüphe besleyen kimselerdi. Bu tıpkı Fetih Suresinde ifade edilen olaya benzer ki ayetin meali şöyledir; "Aslında siz peygamberin ve müminlerin ailelerine bir daha dönmeyeceklerini sanmıştınız" İşte bunlar, müşriklerin o an için galip geldiğini görünce artık bu işin bittiğine, İslam nurunun ve Müslümanların kökünün kazındığına inandılar. Bu ancak imanında zafiyet yaşayanların halidir. Zafiyetleri vardır: çünkü Allah'a tastamam teslim olamazlar. Med cezirler yaşarlar. Bu tavırlar Allah'a karşı şek ve şüphe besleyenlerin tavrıdır. Her ne zaman ufacık meşakkate düşseler, ufacık sıkıntıyla karşılaşsalar, ne var ki ağır bir durum ortaya çıksa bunlar hemen çirkin düşünceye kapılırlar.

Ayetin devamı şöyleydi; "Bu işte bize ait bir şey var mı" diyorlardı. Eğer bu işte bize ait bir şey olsaydı (sözümüz dinlenseydi) burada öldürülmezdik, diyorlardı.

Yüce Allah Hz. Peygambere hitap ederek şöyle buyuruyor: "Ey Allah'ın Resulü, onlara de ki; siz istemediğiniz halde, ilahi kudret sizi çeşitli sebeplerle evlerinizden çıkarırdı. Evinizde kalmış olsaydınız bile, öldürülmesi takdir edilmiş olanlar, düşecekleri yerlere onlara rağmen mecburen giderlerdi."

Şüphesiz Allah ezeli ilminde bunu takdir etmiştir. Onun hükmünü bozacak bir şey olamaz. Sizi evinizden çıkarması, içinizdeki bildiği hayır ve şerri herkese göstermek ve kalplerdeki var olan nifak ve ihlası ortaya çıkarmak içindi.

Ayet şöyle bitiyor; "Allah kalplerin sahip olduğu her şeyi bilir." Sizin gizlediğinizi bilir. Düşünüp de dile getiremediğiniz her şeyi Allah bilir. Nitekim Kaf Suresinde buyurduğu gibi: "Allah ona (kuluna) şah damarından daha yakındır."

ŞEYTAN DÜNYAYI SÜSLÜ GÖSTERİYORDU

155. Ayet: *İki ordu karşılaştığı gün, sizden dönüp kalanlar var ya, şeytan onları ancak işledikleri bazı hatalar yüzünden kaydırmak istedi. Allah ise onları affetti. Hiç şüphesiz Allah, bağışlayıcıdır. Çok halimdir."*

AYETLERİN İZAHI

Şeytan onlara savaştan kaçmayı süslü gösterdi. Onlar da bir anlık dünyaya meylettiler. Şeytana aldanmalarının sebebi, Hz. Peygamber'in emrine muhalefet etmiş olmaları, ganimete tenezzül etmeleri ve Uhud'dan önce işlemiş oldukları bir takım günahlarıdır.

Günah günahı çeker. Ne var ki, Allah onların samimi pişmanlıklarının ardından gelen tevbeleri sebebiyle affetmiştir. Günahlarını da affetmiştir.

HAYATI DA ÖLÜMÜ DE VEREN ALLAH'TIR

156. Ayet: *"Ey iman edenler! Siz, inkâr edenler ve yeryüzünde sefere çıkan veya savaşa giden kardeşlerine, 'eğer bizim yanımızda kalsalardı ölmezler ve öldürülmezlerdi' diyenler gibi* olmayın. *Allah bu bozuk düşünceyi onların kalbine bir hasret olarak koydu. Hâlbuki hayat veren ve öldüren Allah'tır. Allah, bütün yaptıklarınızı görmektedir."*

AYETLERİN İZAHI

Bu ayette de önceki ayetlerde olduğu gibi münafıkları kınama vardır. Münafıklar halen serzenişte bulunup; 'gitmeselerdi ölmezlerdi' şeklinde hüküm ifade eden sözler sarf ediyorlardı.

Hâlbuki ayette ifade edildiği gibi; "Vallahü yuhyi ve yumitu" (hayat veren ve öldüren Allah'tır). Allah'ın takdir ettiği ecel kapıya dayanınca fazladan bir nefes almak mümkün değildir. Ölüm Allah'ın katında nerede yazılmışsa orada tecelli edecektir. Sebepler sizi oraya sevk edecek ve ruh bedenden orada alınacaktır. Bu konuda Hz. Ömer'in sözü ne kadar düşündürücüdür. Şöyle ki; "Dünyanın hallerini basit gör. Hiç şüphesiz bütün işlerin halleri Allah'ın takdirindedir. Sana takdir edilmeyen başına gelmeyeceği gibi, takdir edilenden de kaçıp kurtulman mümkün değildir."

Allah Hz. Ömer'den razı olsun. Bizi mahşerde onlarla bir araya getirsin. Günahlarımızı onların hatırına bağışlasın. Âmin...

MUTLAKA ALLAH'A HESAP VERMEYE GELECEKSİNİZ

157. Ayet: *"Eğer Allah yolunda öldürülür ya da ölürseniz hiç şüphesiz Allah'ın mağfireti ve rahmeti onların topladıkları bütün şeylerden daha hayırlıdır."*

158. Ayet: *"Andolsun, ölseniz de, öldürülseniz de Allah'ın huzurunda toplanacaksınız."*

AYETLERİN İZAHI

Bu ayet şunu gösteriyor ki: Allah yolunda ölmenin veya öldürülmenin, Allah'ın rahmetine ve rızasına nail olmaya vesile olacağını gösterir. Bu öyle bir nimettir ki ayette geçen "onların topladıkları" dünya ve dünya içindeki her şeyden çok daha şerefli ve kıymetlidir.

EY MUHAMMED(SAV)! KİM SENİN GİBİ OLABİLİR?

159. Ayet: *"Sen Allah'tan bir rahmet sayesinde onlara yumuşak davrandın! Şayet kaba, katı yürekli olsaydın hiç şüphesiz etrafından dağılıp giderlerdi. Şu halde onları affet, bağışlanmaları için dua et, iş hakkında kendileriyle istişare yap. İşe kararını verdiğin zaman da artık Allah'a güvenip dayan. Hiç şüphesiz Allah, kendisine güvenip dayananları sever."*

BİR İNCELİK

Ey Muhammed(sav) kim senin gibi olabilir!

Allah bütün faziletleri sende topladı. Senin tavırlarında Hz İbrahim'in ahlakı sirayet etmiştir. Hz İbrahim'in kavmine karşı sabırlı oluşu ve onların cehaletine rağmen halim oluşu senin ahlakında da mevcuttur.

Sen komutanlıkta bir Hz. Davud kadar büyüksün.

Sen bir Hz Süleyman kadar büyüksün. O nasıl ki cinlere hükmetti; Sen ise bütün kainata Peygamber olarak gönderildin. Sen bir Hz. Yusuf kadar güzeldin. Allah Hz Yusuf'a verdiği tüm güzellikleri halka gösterdi de, O nu görenler hayran kaldılar. Yüce Allah sana verdiği güzelliklerin milyonda birini ashabına gösteriyordu da seni görenler; "O'ndan(sav) güzelini görmedik" diyorlardı.

Sen bir Hz. Musa gibisin. O nasıl ki, Haman, Karun ve firavunlara karşı korkmadan, boyun eğmeden iletilmesi gereken vahyi ilettiyse, Sen de bir Firavun kadar çetin ve diktatör olan Ebu Cehil'lere, Velid bin Muğirelere boyun eğmeden Kur'an ayetlerini haykırdın.
Sen bir Hz. İsa'sın. O nasıl ki Allah'ın kudretiyle ölüleri diriltti ise; Sen de ölmüş olan, kararmış olan, şeytanın yolunda giden, kalpleri temizleyip Allah'ı bilmeyen kalpleri rahmet yolunda dirilttin.
Sen kerem ve izzette tüm peygamberlerin imamı,
Sen insanlığın övüncü, Sen insanlığın kurtarıcısı,
Sen kıyamete kadar hiç solmayacak nursun.
Sen tüm peygamberlerin müjdelediği büyük imam,
Hz. Muhammed Aleyhisselam'sın.
Evet. Kim senin kadar büyük olabilir...

AYETLERİN İZAHI

Uhud'daki hatalara rağmen Hz. Peygamber kimseyi üzecek bir tek söz dahi söylemedi. Kimseyi kınamadı. Yumuşak söz söyleyip, onların üzüntüsüyle hüzünlendi. Onların bir anlık hatalarını da affetti. Hz. Peygamber İslam ordusunun komutanıydı. Her komutan gibi hesap sorma hakkına da sahipti ki, o hesap sorarken normal insanlar gibi nefsi yargılarıyla da hesap sormazdı. Bu müthiş bir hadise. Hz. Peygamber savaşta yara alıyor, mübarek yüzüne halka batıyor, mübarek dişi kırılıyor, mahzun oluyor ve bunca musibete rağmen ufacık bir sitem edercesine "beni dinleseydiniz böyle olmayacaktı" gibi bir söz dahi söylemiyor.

Yaralı kalpleri daha fazla yaralamak istemiyor. Belki de sahabe dostlarını utandırmak istemiyor. Onlarla karşılaştığında başlarının yere eğik olmasına müsaade etmiyordu.

Hz. Peygamber'in bu yüce faziletini Kur'an-ı Kerim Kalem suresinin 4. Ayetinde şöyle dile getiriyor. Muhammed Sabuni'nin Safvetü't-Tefasir'inde ayete verdiği mana ile aktarıyorum; "Ey Muhammed! Hiç kuşkusuz sen, çok yüksek bir terbiye ve çok üstün bir ahlaka sahipsin. Allah sende bütün faziletleri ve olgunlukları toplamıştır." Şair ne güzel söylemiştir; "Allah seni övmeye layık olan bir şeyle övdüğünde, insanların övmesinin ne değeri olur?"

Hz. Enes'in sözleriyle bu bahsi tamamlayıp tefsire geçelim; "Hz. Resulullah'a on sene hizmet ettim. Bana asla 'öf' bile demedi. Yaptığım bir şey için, 'bunu niye yaptın' yapmadığım bir şey için 'bunu neden yapmadın' demedi. Resulullah insanların en güzel ahlaklı olanıydı. Resulullah'ın elinden daha yumuşak bir ipeğe dokunmuş değilim. Resulullah'ın terinden hoş kokulu ne bir misk ne de başka bir şey koklamış değilim."

Yüce Allah buyurmuş oluyor ki; "Ey Resulüm! Sen Allah'tan bir rahmet ve nimet sayesinde onlara hoş görülü ve yumuşak davrandın. Emrini bir anlık yerine getirmeyip endişe içinde etrafa dağıldıklarında, bunlara rağmen onlara güler yüz gösterdin yumuşak davrandın. Kızmamakla beraber başlarına gelen hallere üzüldün. Şayet sen eziyet veren, kötü huylu, kaba ve katı yürekli biri olsaydın ve onlara sert sözlerle çıkışsaydın, hiç şüphesiz etrafından dağılıp giderlerdi (sana ısınamazlardı)".

Tabiin döneminin büyüğü olan Hasan-ı Basri (Hasan-ı Basri hazretlerinin Peygamberimizin hanımı Ümmü Seleme'den süt emdiğini biliyoruz. Hasan-i Basri'deki üstün ilim, hikmet ve belâgatın bundan dolayı olduğu söylenir. Kendisi bu kadar şeref ve fazilete sahiptir. Allah bizi şefaatine nail eylesin.) bu konuyla ilgili şöyle demiştir; "Bu Allah'ın efendimizle[sav] beraber göndermiş olduğu yüce ahlakıdır."

Al-i İmran suresinin 159. Ayeti tıpkı Tevbe suresinin şu ayetine benzemektedir; "Andolsun size kendinizden öyle bir peygamber gelmiştir ki, sizin sıkıntıya uğramanız ona çok ağır gelir. O size çok düşkün, müminlere karşı çok şefkatlidir, merhametlidir."
Devam eden ayet-i kerimede Yüce Allah şöyle buyuruyor; "Şu halde, sana ait olan durumlarda onları affet. Rabbinin hakkı olan işlerde bağışlanmaları için dua et." Bu ayetler Hz. Peygamberin Yüce Allah'ın katında ne kadar kıymetli olduğunu gösteriyor. Çünkü ayette "bağışlanmaları için dua et" buyurulmakta. Ayeti kerimenin manası bir anlamda şöyledir: "Ey Resulüm! Sen onlar için benim katımda aracı ol. Sen onlar için benden af dile, Allah da sana şefaat müsaadesi versin." Peki, nedir şefaat? Biraz onun üzerine konuşalım.

ŞEFAATLE İLGİLİ KÜÇÜK BİR NOT

Şefaat... Bu bir iman meselesidir. Yüce Allah'ın izniyle ahirette şefaat olacaktır. Şefaat yüce Allah'ın izin verdiği peygamberler ve meleklerce olacaktır. Hadis-i şeriflerde kimlerin şefaat edeceği üzerine bilgiler mevcuttur. Şehitlerin, hafızların aile fertlerine şefaat edeceği kuvvetli hadislerle sabittir. Şefaatle ilgili ayetler Kur'an-ı Kerimde mevcuttur.

Sizlere, bu konuya açıklık getirmek adına 2 ayrı makale buraya not düştüm. Muhterem büyüğüm üstadım babam Prof. Dr. Nihat Hatipoğlu'nun Sabah Gazetesi'nde yayınlanmış olan 2 ayrı makalesini iktibas ediyorum.

1. YAZI

Hz. Peygamber Mahşerde Şefaat Edecektir

Mahşer âleminde, dirilme gününde Hz. Peygamber[(sav)] Efendimize şefaat yetkisi verilecektir. İslam akaid âlimlerine ve bütün mezheplere göre bu konuda hiçbir tereddüt yoktur. İslam tarihi boyunca, yoldan çıkmış, sapkın olarak nitelendirilmiş hariciler ve mutezile mezhebinden bazı kişiler hariç, şefaati inkâr eden hiç kimse olmamıştır.

Kadı İyaz bu konuda şöyle der: Ehli sünnet mezhebine mensup bütün âlimler şefaatin gerçekleşeceği konusunda söz birliği yapmışlardır. Sapık mezhep sayılan hariciler ve mutezile mezhebine mensup bazı kişiler şefaati inkâr etmişlerdir. Bunların sözüne ise itibar edilmez.

Kuran-ı Kerim şefaatin olacağını haber veriyor. Bir ayette şöyle buyruluyor: "O gün Rahman olan Allah'ın izin verdiklerinden ve söz söylemesine müsaade edilenden başka hiçbir kimseye şefaat fayda vermez." (Taha, 109) Sebe suresinin 33. ayeti de aynı anlamdadır. Kadı İyaz'ın da dediği gibi, benzeri ayetlerin dışında ayrıca şefaat hakkındaki hadisler -inkâr edilmesi mümkün olmayan sayıda ve yoğunlukta- bir sayıya (tevatüre) ulaşmıştır.

Bazı ayetlerde görülen ve o gün şefaatin yarar sağlamayacağı şeklinde olan ayetler ise, (Müdessir, 48; Gafır, 18 gibi) kâfirler hakkında inan ayetlerdir. O ayetler kâfirlerin mahşerdeki halini anlatır. Yüce Rabbimiz bu ayetlerde, imansız olarak ölen ve putlara tapınanlara putlarının fayda sağlamayacağını belirtmiş olmaktadır.

Şefaat ne demektir?

Şefaat, Yüce Allah'ın kendi izni ve merhametiyle, mahşer günü günahkâr insanlara iyilik yapmaları için seçtiği bazı özel kurallarına yetki ve izin vermesidir. Onların bu husustaki aracılığına müsaade etmesidir. İzin ve yetki tamamıyla Yüce Allah'ın kontrolündedir. O, sevdiği bazı özel insanlara dünyadaki sadakatleri karşılığında vefasını gösterecektir. Yoksa Yüce Allah dileseydi hiçbir aracıya gerek görmeden yapacağını yapar ve bütün kullarını ya affeder veya cehennemlik ederdi. Ama dünya hayatında kendisine sadık kalan büyük peygamberlere, meleklerin bir kısmına ve şehitler gibi özel gruplara şefaat hakkı tanıyacaktır.

Mahşerde şefaat nasıl olacak?

Bu şuna benziyor: Kişi büyük suçlar işlemiştir. Deliller aleyhinedir. Belki suçu işlerken boş bulunmuş, belki bir anlık gaflete kurban olmuştur. Ama suçludur. Mahkemeye çıkacaktır. Fakat kendini savunacak ne mecali vardır, ne de hali. Büyük mahkemede kendisini savunacak, sözüne güvenilir bir aracı ister. Aracı da, mahkemede, hüküm verecek büyük makama karşı adamı anlatır. Onun halini arz eder. Adamın suç işlerken, zafiyet içinde olduğunu veya suçun büyüklüğünü anlamadığını beyan eder. Cezada indirim ister. Savunulacak hali olan bu suçluyu, en az cezayla kurtarmaya çabalar. İşte şefaat, buna benzemektedir. Büyük mahkeme müsaade etmedikçe aracının aracılığı da kabul edilmeyecektir.

Bu örnekteki büyük mahkeme, Rabbimizin mahkemesidir. Aracı Hz. Peygamber'dir[sav]. Suçlu olan ise günahkâr Müslüman'dır.

En Büyük Şefaat Yetkisi Hz. Muhammed'e[sav] Verilmiştir

Mahşer gününde en büyük şefaat yetkisi Hz. Peygamber'e[sav] verilecektir. Efendimiz de bu yetkiyi her mümin için kullanacaktır. O bunu şöyle anlatıyor:

"Ben Âdemoğlunun büyüğüyüm de bunda bir böbürlenme yoktur. Kıyamet günü dirilmek için yerin yarılmasıyla kabirden ilk çıkacak olan da benim. Bununla beraber böbürlenme yoktur. İlk şefaat ve şefaati ilk kabul olunacak kimse de benim. Ve bununla iftihar etmek de yoktur. Kıyamet günü hamd bayrağı benim elimde bulunacaktır. Bununla beraber böbürlenmek yoktur."

Hz. Peygamber[sav] Yüce Rabbimizin kendisine verdiği bu özel yetkiyi elbette O'nun emri ve rızası ile kullanacaktır. Rabbimiz müsaade etmezse, kim konuşabilir o dehşetli günde? Kim söz söyleyebilir? Kim ben varım diyebilir ki! Yerin, göğün ve ötelerin tek muktediri hâkimi, söz sahibi O'ndan başka kim olabilir ki.

Büyük günahkârlar şefaate ulaşacak mı?

Yaygın bir yanılgımız vardır. Zannederiz ki şefaat sadece küçük günah işleyenleredir. Hâlbuki mesele bunun tam zıddınadır. Hz. Peygamber(sav) bu konuda bizi şöyle bilgilendiriyor:

"Siz benim şefaatimi Allah'a kulluk görevini tam yapan müminlere yapacağımı mı sanıyorsunuz. Hayır, öyle sanmayınız. Ve lakin o şefaatim günahkâr, hatalı ve pis işlere karışan Müslümanlar içindir." (İbn Mace, hd: 4311)

Büyük ve utanılacak günah işleyenler esas büyük şefaate muhtaçtır. Zira küçük günahlar dünya hayatında yapılacak duayla, tevbeyle, sadakayla ve benzeri iyiliklerle belki bağışlanacaktır. Ama öyle günahlar var ki, belki onları Yüce Allah ahirette cezalandırmak isteyecektir. Veya belki kul, bu günahlara tövbe etmediği için durumu büyük hesap gününe kalacaktır.

Merhamet önderi olan Peygamberimiz(sav) öyle diyordu zaten: "Benim şefaatim kıyamet gününde ümmetimden büyük günah işleyenleredir." (İbn Mace, hd: 4310, İbn Hibban, 6433)

Bu hadisler şöyle anlaşılmamalıdır:

Müslüman her türlü sahtekârlığı, günahı suçu işlesin, nasılsa şefaatle kurtulacaktır. Eğer kişi bu anlayışta olursa, belki Yüce Rabbimiz ona bu kurnazlığından ötürü tövbe imkânını bile vermeyebilir. Çünkü günahlar işlenirken kişi günahı zafiyetinden dolayı işleyebilir ki bu, tövbe kapsamına girer. Veya günahı küçümseyerek işleyebilir ki bu şirke kapı açabilir.

Ben duamı ümmetime sakladım!

Bir seferinde Hz. Peygamber(sav) şöyle anlatıyordu: "Her peygamberin kabul edilen bir duası vardır. Ve her peygamber bu duasını acele etti. (Yani reddedilmeyeceği Allah tarafından vaat olunan bu tek dua hakkını dünyada kullandı.) Fakat ben, duamı ümmetime şefaat için sakladım. Bu sakladığım dua ümmetimden olup da, Allah'a hiçbir şeyi ortak koşmadan ölen herkese nasip olur." (İbn Mace, 4307; İbn Hibban, 6426)

Duha suresindeki "Rabbin sana verecek ve sen razı olacaksın" ayetine burada işaret vardır. Hz. İsa kendisine verilen bu tek dua hakkını İsrailoğulları için gökten sofra (maide) indirmek için kullandı. Hz. Nuh, azgın kavmin helakı için, Hz. Adem tövbesinin kabulü için kullandı. Rabbimiz bu büyük peygamberlerin duasını kabul etti.

Elbette ki ümmetinin cehennemde ebedi kalmamasını isteyen Hz. Peygamber'in[sav] duasını da mahşerde kabul edecektir.

Makam-ı Mahmud nedir?

Yüce Rabbimiz Peygamberimiz hakkında şöyle buyuruyor: "Belki Rabbin seni övülmüş bir makama (makamı mahmuda) ulaştırır" İsra/79.

Buna göre makam-ı mahmud, büyük peygamberimize Rabbimizin vereceği şefaat makamıdır. Özel şefaat derecesidir. Hz. Ömer'in oğlu Abdullah, o makamı şöyle tanımlıyor: "Mahşer gününde insanlar cemaatler halinde olacaklar. Peygamberleri dolaşacaklar. Şefaat isteyecekler. En sonunda ise Hz. Peygamber'e[sav] ulaşacaklar. İşte o gün Yüce Allah'ın peygamberimizi makamı mahmuda ulaştırdığı gündür.

Mahşerde kaç türlü şefaat olacak?

Mahşerdeki şefaat beş kısma ayrılacaktır.

1- Mahşerde toplanan halkın korkunç bekleyişlerine son vermek ve hesaba çekilmeyi çabuklaştırmak için yapılacak şefaattir ki bu şefaat için Yüce Allah Hz. Peygamber'e[sav] müsaade edecektir.

2- Bir günahın hesapsız olarak cennete dâhil edilmesiyle ilgili yapılacak şefaat. Buna da Hz. Peygamber(sav) yetkili kılınmıştır.

3- Cehenneme müstahak olan bazı müminler için edinilen şefaattir. Buna da Hz. Peygamber(sav) yetkili kılınacaktır.

4- Cehenneme giren bazı günahkâr müminlerle ilgili şefaat. Bu yolla müminin cehennemden çıkarılmasına fayda sağlanacaktır. Bu hususta, Hem Hz. Peygamber(sav), hem melekler ve hem de cennetlik din kardeşleri yetkili kılınacaktır.

5- Cennete girmiş olanların daha yüksek makama ermeleri için yapılacağı şefaat.

İmam Nevevi'nin yaptığı bu sıralama müminler için geçerlidir. Kâfir ve müşrik için hiç kimsenin şefaat yetkisi olmayacaktır.

Rabbin sana verecek

Rivayet edildiğine göre, Duha suresinin "Ve ileride Rabbin sana verecek, sen de razı olacaksın" (Duha,4) ayeti iner. Yüce Allah kulu ve elçisi olan Hz. Peygamber'e(sav) 'seni razı edeceğim' müjdesini verir. Hz. Peygamber(sav) kendisine bu ayetleri getiren Cebrail'e şöyle der: "Ümmetimden herhangi bir kimse ebediyen cehennemde kalırsa ben razı olmuş olmam" (Celaleyn tefsiri, Duha Suresi, s: 655). Yüce Allah peygamberine ileride makamı mahmudu vererek ve onu razı edecektir. Peygamberini mahzun bırakmayacaktır. İnşallah, hepimiz şerefli peygamberimizin büyük şefaatine ulaşırız.

2. YAZI

Hadislere Düşman Bazı İlahiyatçılar

Yakın dönemde vefat eden ve yanında doktoramı yapmaktan büyük onur duyduğum rahmetli hocam Profesör Dr. Talat Koçyiğit doktora günlerimde bir gün bana şöyle bir şey demişti. "Ben şaşırıyorum Nihat! Bazı hadisçiler hadise hizmet edip onu yayacaklarına, doğruyu yanlıştan ayıracak bir yol izleyeceklerine veya hadisleri şerh edeceklerine sanki hadislerin kökünü kazımaya çalışıyorlar."

İslam'a ve Hz. Peygamber'e(sav) zarar dışarıdan gelmez. Dışarıdan tahribat ve saygısızlık yapanları millet iyi tanır ve notunu verir. Ciddiye almaz, adam yerine koymaz, cevap vermeye bile değer bulmaz.

Ama ilahiyat menşeli tahrifatçı ve tahribatçı daha çok zarar verir. Çünkü o, sureti hakikatten görünüp bozar. Düşmanlık yaparken "biz ıslahatçıyız" der. Hadislere saldırırken onun gayesi doğruyu yanlıştan ayırmak değil, hadislerle müminlerin arasını açmaktır. Çünkü o insanları Kuran'a davet ediyorum, derken insanları Hz. Peygamber'i(sav) ve hadisleri terk etmeye davet ediyordur. Hedefi budur. Yüreksiz olduğu için bunu söylemez. Şimdilik Hz. Peygamber'i(sav) ve hadisleri tasfiye edecek, sonra da Kuran-ı Kerim'i işlevsiz hale getirmek için her türlü yolu deneyecek. Eski din mensupları kitapları değiştirdiler. Bunlar ise Kuran'ı değiştiremeyeceklerine göre, Kuran-ı Kerim'in ayetlerini anlamlarının dışına taşırmak için Kuran'ın en önemli tefsiri olan hadisleri kaldırmaya, işlevsiz kılmaya çabalıyorlar.

Peki, niye böyle yapıyor bazı akademisyenler, ilahiyatçılar. Çünkü onlar yıllarca eğitimini aldıkları "oryantalistlerin" temsilcileri haline gelmişlerdir. Çünkü onlar bir gayrimüslimin kitabına baktığı gibi Kuran'a baktıkça, Hz. Peygamber'den(sav) uzaklaştıkça kalplerine mühür vurulmuştur. Bunlar reformistlerin piyonu haline gelmişlerdir. Esas dertleri vahiyledir. Vahyin doğru anlaşılmasıyla ilgilidir.

Kuran-ı Kerim'i tahrif etmek için (yani ayetleri anlamlarından başka yerlere kaydırmak için) Hz. Peygamber'i(sav) ve hadislerini etkisiz hale getirmek için çabalar, uğraşırlar.

Sözlerinde edep yoktur. Hz. Peygamber'den(sav) bahsederken bir arkadaşlarından bahsediyor aymazlığı içindeler. İhlastan nasipsizdirler. Kuran-ı Kerim'i tefsir ederken kendi heva ve heveslerine göre hareket ederler. Hz. Resul'den⁽ˢᵃᵛ⁾ uzaklaştıkça yüzlerine, hareketlerine, söylemlerine nasipsizlik siner.

Peygamberimizin⁽ˢᵃᵛ⁾ hadislerini yaymak farzdır

İslam'ın ilk yıllarında Efendimiz⁽ˢᵃᵛ⁾ Kuran-ı Kerim dışında herhangi bir metnin - insanlar tarafından- yazılmasını yasakladı. Bu geçici yasak, yazılacak her hangi bir metin Kuran'a karışır endişesinden kaynaklanıyordu. Ancak 'suffa' denilen üniversite kurulunca, taşlar yerine oturunca bu yasak kaldırıldı. 'Veda Haccında' da bu izni alenileştirdi ve hatta bunu 'farz haline' getirdi.

Hz. Peygamber⁽ˢᵃᵛ⁾ veda hutbesinde şöyle buyurdu: "Beni dinleyin ve belleyin. Dediklerimi duyanlar, bugün burada olmayanlara iletsin. Benim sözümü işitip ezberleyen sonra da işittiği gibi başkasına ileten kişinin Allah yüzünü ağartsın." (Ebu Davud, ilim, 10; İbn Mace, Mukaddime 18)

Hz. Peygamber⁽ˢᵃᵛ⁾ sözlerinizi unutuyorum diyen birisine de elinden yardım iste -yaz- diyerek hadis yazmasına teşvik etmiştir. (Hatıb, et-Takyid, 65) Netice itibariyle Hz. Peygamber'in⁽ˢᵃᵛ⁾ hadislerin yazılmasını emrettiğini görmemiz mümkün.

Hadisler neden çoktur?

Bazıları diyorlar ki Hz. Peygamber'in⁽ˢᵃᵛ⁾ ancak birkaç hadisi olabilir. Bundan daha büyük cehalet ve bilgisizlik olabilir mi? Hadislerin çok olmasından daha doğal ne olabilir ki! Çünkü hadis, Hz. Peygamber'in⁽ˢᵃᵛ⁾ konuşmaları, sohbetleri, yürümesi, uyuması, neleri helal sayıp yaptığı, neleri yapmadığı, sorulan sorulara cevapları, gülmesi, ağlaması, cami sohbetleri, ticari ilişkileri, alışverişleri, sulhu, savaşı, ailesiyle irtibatı, evlilik-boşanma, yüzme -ağaç aşılama- hukuki meselelerle ilgili açıklamaları gibi hayata dair her şeydir. Bir insanın 24 saatinde ne varsa bütün bunlar hadisin konusudur. Varsayınız, Hz. Peygamber'in⁽ˢᵃᵛ⁾ bir gününü kitaba geçirelim. En azından 50 sahifelik bir yazılı metin haline gelir. Bu da en azından 100 hadise denk gelir.

Peygamberimizin peygamberlik süresi 23 yıldır. Bazı günler öylesine yoğun bir gündemi olmuştur ki, onlarca olay art arda gelişmiştir.

Bunu güne çevirdiğimizde, 8200 güne yakın bir yaşam anlamına gelmektedir. Hz. Peygamber(sav) 8200 gün peygamberlik dönemi geçirdi. Her gün sadece bir defa konuşmuş olsa (!) bu dahi 8200 hadise denk olur. Efendimiz hayatı boyunca, bir günde bir defa da mı konuşmadı! Böyle bir iddia ne kadar akılsızca ve bilimsellikten uzak olur. Ancak aklı, kalbi ve şuuru mühürlenmiş olanlar böyle bir iddiada bulunurlar.

Yüz binlerce hadis aktarılmasına rağmen Hz. Ebu Hureyre (yavru bir kediye olan düşkünlüğünden dolayı, Hz. Peygamber O'na kediciğin babası anlamında Ebu Hureyre demiştir) bu hadislerden sadece (5374) tanesini aktarmıştır. Buhari, Müslim, İbn Mace, Ebu Davud gibi büyük İslam âlimleri, sahih hadisleri bulmak için öyle sert ve acımasız bir kontrolden geçirmişlerdir ki kitaplarına aldıkları hadislerin sayısı (mükerrer hariç) on bini ancak bulmuştur. Bu bile hadislerin ne kadar hayati bir önem taşıdığını göstermek için yeterlidir. Bu bile bugün elimizde olan hadislerin ne kadar büyük bir hazine olduğunu ispat etmek için yeterlidir.

Sahih hadisler Yüce Rabbımızın bize verdiği en büyük nimettir. Bu hadisler sayesinde Hz. Peygamber'in bütün hayatı, hayatına ve sözlerine ait her ayrıntı, hangi ayetin hangi olaydan önce veya sonra veya hangi gerekçeyle indiği, nerede bize ne emrettiği, bizi nelerden sakındırdığı gibi hayati bütün bilgiler bizlere ulaşmıştır.

'Sen Ahmak Birisin'

Peygamberimiz(sav) döneminde "hadisleri" işlevsiz kılmaya çalışan bazı ferdi çıkışlar olduğunda, hem sahabe ve hem de âlimler gerekli cevapları doğrusu çok da sert tonda seslendirmişlerdir.

Bir grup insan, hadis okuyan birine derler ki; bunu bırak. Bize Allah'ın kitabından bahset. Bu sözü duyunca Halife Hz. Ömer⁽ʳᵃ⁾ sinirlenir ve bu nasipsiz adama şöyle der:

"Sen ahmak birisin. Allah'ın kitabında namaz ve oruç konusunu açıkça (yani namazın nasıl kılınacağı, kaç rekat olacağını, neler okuyacağını, orucun nasıl tutulacağını nelerin bozup bozmayacağını) bulabiliyor musun? Kuran'ın bu konudaki hükümlerini sünnet (Hz. Peygamber'in⁽ˢᵃᵛ⁾ uygulamaları ve sözleri) açıklamaktadır. (Suyuti, Miftahul Cenne, 85)

Okuduğu Kuran-ı Kerim ruhunu anlamaktan uzak olan ve Hz. Resul'ün dindeki tartışılmaz yerinin farkında olmayan bir başkası büyük İslam âlimi Said bin Cübeyr'i dinler. Said bin Cübeyr, hadis rivayet etmektedir. Adam şöyle der: "Bu söylediğin Allah'ın kitabına muhaliftir." Said bu cahile şöyle der: "Bir daha Resulullah'tan hadis rivayet ederken, Onun Allah'ın kitabına çelişik olduğunu söylediğini görmeyeyim. Resulullah⁽ˢᵃᵛ⁾ Allah'ın kitabını senden iyi bilirdi."

Zaten problemin kaynağı budur. Dini bildiğini zanneden bir kesimde, Hz. Peygamber'e⁽ˢᵃᵛ⁾ karşı nasipsizlik, hazımsızlık ve bilgisizlik vardır. Dünkü putperest Arapların, "peygamberlik niye Muhammed'e indi" itirazıyla, bugün Hz. Peygamber'i⁽ˢᵃᵛ⁾ sıradan biri haline indirgemeye çalışan bu kalpleri kaymışlar arasında bir fark var mıdır? Tabiin ulemasından olan büyük hukukçu Eyüp Sahtiyani (v:131) bir adamın bize Kuran'dan başka bir şey anlatmayın dediğini aktardıktan sonra şöyle der: "Bir kişiye sünnetten (hadislerden) bahsettiğinde, bunu bırak bize Kuran'dan haber ver derse bil ki o adam sapıktır."

Büyük sahabe, hadis inkârcılığını Hz. Peygamber'i⁽ˢᵃᵛ⁾ inkârla bir sayıyordur. Hz. Ebu Said el-Hudri⁽ʳᵃ⁾ hadis rivayet etmesine muhalefet eden birisine şöyle der: "Vallahi seninle ebediyen aynı çatı altında bulunmayacağım." Günümüzde de Yüce kitap Kuran-ı Kerim'in adı kullanılarak, Kuran ile Hz. Peygamber ve hadisler arasına mesafe konulmaya çalışılmakta, Hz. Peygamber'in pratiği yok sayılmaya gayret edilmektedir. Hadissiz ve Peygambersiz bir din!

Mezhep İmamlarının Hadis'e Bakışı

Mezhep âlimleri İslam'ın iki temel kaynağı olan Kuran-ı Kerim ve Hz. Peygamber'in$^{(sav)}$ hadislerini içtihatlarının dayanağı yapmışlardır. Sünnet İslam'ın tartışılmaz ikinci kaynağıdır.

Ebu Hanife (İmamı Azam): O metodunu şöyle açıklıyor "Resulullah'tan gelen baş üstüne. Sahabeden gelenleri seçeriz. Birini tercih ederiz. Allah'ın kitabını alır. Kabul ederiz. Onda bulamazsam efendimizin sünnetine dönerim.

İmam Malik: O önce Kuran'a bakar, sonra da hadislere. O, bilinen ve sahih olan hadislerle amel etmiştir.

İmam Şafii: Kuran-ı Kerim'e ve dinin ikinci kaynağı olan hadislere bakar. Hatta İmam Şafii ahad hadisleri bile içtihadında öne alır.

İmam Ahmed (Hanbeli Mezhebi): Ona göre Kuran-ı Kerim ve sahih hadis bulununca hiçbir insanın sözüne itibar edilmez.

Netice itibariyle: Ancak İslam'dan nasibini almamış bazı kişiler ve sapkın olan mezhepler, hadisleri inkâr etmişlerdir. Hadislerin sahih olanını uydurma olanından ayırma işi ise tamamen farklı bir olaydır. Bizim bu yazımızın konusu değildir. Onu başka bir yazıda ele alırız. İnşallah.

159. AYETİN ALAMETİ ŞÖYLE DEVAM EDİYOR

Ey Resulüm! Ashabınla İstişare Et

Yüce Allah devam eden ayette; "iş hakkında onlara danış" buyuruyor. Resulullah'ın amcasının oğlu Hz. Abdullah b. Abbas bu ayet hakkında der ki; "bu ayet Hz. Ebubekir ve Hz. Ömer hakkında nazil olmuştur. Bu iki büyük zat Resulullah'ın(sav) daima fikirlerini sorduğu iki veziri ve Müslümanların iki önderidir." Ayet-i kerime aynı zamanda iman eden tüm yüreklere hitap etmektedir. Yüce Allah mü'minlere her işlerinde istişare etmeleri gerektiğini emrediyor. Hz. Peygamberin ifadesi ile "İstişare eden yanılmaz." Evet yanılmaz. Çünkü kişinin göremediğini istişare ettiği topluluk veya dostları görür. İstişare peygamberimizin daima uyguladığı sünnetidir.

Yüce Allah'ın kelamı şöyle bitiyor; istişareden sonra bir şeye karar verdiğin zaman, vekil olarak Allah'a güvenip dayan, hiç şüphesiz Allah, kendisine güvenip dayananları sever.

ALLAH'IN YARDIMI OLMADAN ZAFER OLMAZ

160. Ayet: *"Allah size yardım ederse artık size üstün gelecek hiç kimse yoktur. Eğer sizi kendi halinize bırakıverirse ondan sonra size kim yardım eder? Müminler ancak Allah'a güvenip dayansınlar.*

AYETLERİN İZAHI

Bu ayet müfessirler tarafından özetle şöyle yorumlanmıştır: Bedir'de yaptığı gibi Allah size yardım ederse artık insanlardan size üstün gelecek kimse yoktur. Ve Uhud'da size yaptığı gibi, Allah sizi kendi halinize bırakıverirse, Allah'tan başka size kim yardım eder ki? Ve ayet bir önceki ayette de olduğu gibi tevekküle yönlendiriyor. Allah'a tam bir teslimiyetle itimat edip, güvenip tevekkül edilmesi isteniyor. Ne var ki kalpte iman kuvvetlendikçe kulun rabbine tevekkülü artar. O zayıfladıysa tevekkül de zayıflar.

GANİMETE HAİNLİK EDİLMEZ

161. Ayet: *"Bir peygambere, ganimete hıyanet etmesi yaraşmaz. Kim ganimete hıyanet ederse kıyamet günü, hainlik ettiği şeyin günahı boynuna asılı olarak gelir. Sonra herkese yaptıklarının karşılığı tam olarak verilir, hiç kimse haksızlığa uğratılmaz."*

AYETLERİN İZAHI

İmam Ahmed b. Hanbel şöyle rivayet etmiştir; "Resulullah Ezd kabilesinden İbnü'l Lütbiyye adında birini zekât memuru olarak görevlendirmişti. Vazifeden dönünce geldi ve 'şu mallar sizindir, bunlar da bana hediye edilenlerdir' dedi. Bunun üzerine Resulullah(sav) minbere çıktı ve şöyle buyurdu; 'Sizlerden birini görevli tayin ediyorum sonra o bana diyor ki şunlar sizedir, bunlar bana hediye edilenler! Eğer o kimse babasının ve annesinin evinde oturup bekleseydi kendisine hediye gelir miydi? Gelmez miydi? Muhammed'in(sav) canını elinde bulunduran Allah'a yemin ederim ki, sizden biriniz hakkı olmadan bir şey alırsa, kıyamet günü aldığı o şeyi boynuna yüklenmiş vaziyette Allah'ın huzuruna çıkar. Bağıran bir deve veya böğüren bir sığır veya meleyen bir koyun olsa dahi.' Sonra Resulullah(sav) koltuklarının altı görülünceye kadar ellerini kaldırdı ve: 'Ya Rabbi tebliğ ettim mi?' dedi. Bunu üç sefer tekrarladı."

Hz. Peygamber'in(sav) mübarek koltuk altı görülecek kadar hararetli bir konuşma yapıp, bir adım ötesi üç kez "tebliğ ettim mi Ya Rab" şeklinde Yüce Allah'ı şahit tutması bu işin ne kadar ciddi bir mesele olduğunu gözler önüne koyuyor.

Ayet şöyle bitiyor; sonra herkese (dünyada) yaptıklarının karşılığı tam olarak verilir. Hiç kimse haksızlığa uğratılmaz.

ALLAH'IN KATINDA DERECELER VARDIR

162. Ayet: *"Allah'ın rızasını arayanla Allah'ın gazabına uğrayan ve yeri cehennem olan bir olur mu? O, varılacak ne kötü yerdir."*

163. Ayet: *"Onlar (Allah'ın rızasını arayanlar) ise Allah katında farklı derecelere sahiptirler. Allah onların yaptıklarını görmektedir."*

AYETLERİN İZAHI

Allah'ın emretmiş olduğu amelleri yaparak Allah'ın rızasını kazanma yolunda koşan, böylece Allah'ın hoşnut olduğu ve nihayetinde hak ettiği ecri kazanan kimse ile Allah'ın gazabına müstahak olan bir kimse bir olur mu? Elbette bir olmayacak. Allah için gözyaşı dökenle, günahı işlerken bir de kahkaha atan bir olur mu? Elbette bir olmayacak.

Yüce Allah bunları unutmuyor. Bilakis bunları hep soracağı güne erteliyor. İsyan ve kötü amelde hudutları zorlayanın akıbetini de önceden haber veriyor ve şöyle buyuruyor; "O cehennem ki, varılacak ne kötü yerdir." Yüce Allah'ın azabından, rahmet ve merhametine sığınırız.

Devam eden ayet; "Onlar Allah katında derece derecedirler", buyurmakta. Der ki Hasan-ı Basri hazretleri; "Hayır ehli ve şer ehli derece derecedir." Cennetteki dereceler de, cehennemdeki dereceler de farklıdır. Amelin büyüklüğüne göre dereceler kat kat artar. Nitekim Allah Resulü Kur'an-ı Kerim'in faziletini anlatırken şöyle buyurmuşlardır; "(kıyamet günü) Kur'an ehline denilecek ki: 'Kur'an oku ve (cennetin derecelerinde) yükselmeye devam et. Dünya'da ağır ağır okuduğun gibi ağır ağır oku. Zira senin kalacağın makam, okuduğun son ayette ulaşacağın yerdir.'"

Bu hadisi şerh eden âlimler der ki; "Kur'an ayetlerini birer birer oku ve cennetin derecelerinde birer birer yüksel." Kur'an-ı Kerim ne kadar Okunuşuna uygun ve güzel bir şekilde (Tertille) okunursa mahşerde okuyanın makamı o derece yükselecek.

İmam Gazali'nin (Allah kendisine rahmet etsin) İhya adlı eserinin şerhinde bu hadis hakkında şöyle der; "Kur'an-ı Kerim'deki her ayet cennette bir derecedir. O halde Kur'an okuyana 'okuduğun miktarda cennetin derecelerinde yüksel' denilecektir. Hülasa, yükselişin son noktası okuyuşun son noktası olacaktır."

Ayet-i kerime şöyle bitiyor; "Allah onların bütün yaptıklarını görmektedir." Yüce Allah'tan hiçbir şey gizli kalmaz. Issız bir ormanda ki karıncanın nefes alışından haberi olan yüce Allah, elbette ibadetle yükümlü kıldığı kullarından haberdardır. Allah hiç yarattığı kulunu başıboş bırakır mı? Hem de öyle haberdardır ki: İnsan uyurken kendinden haberdar değildir. Uyuduğu anda hal ve hareketlerini bilemez. Demek ki, insan öyle haller yaşıyor ki kendinden bile haberi olmuyor. Ama kulun bu halleri bile Allaha gizli kalmaz. Yüce Allah kulunun o halinden bile haberdardır. Tefsirini yaptığımız ayette bunu ifade etmekte "Allah onların yaptıklarını görmektedir."

SÜNNETİN HÜCCET(DELİL) OLUŞU

164. Ayet: *"Andolsun ki Allah, içlerinden kendilerine Allah'ın ayetlerini okuyan (isyan ve inkâr kirlerinden) temizleyen, kendilerine kitap ve hikmeti öğreten bir peygamber göndermekle müminlere büyük bir lütufta bulundu. Hiç şüphesiz onlar daha önce apaçık bir sapıklık içindeydiler."*

AYETLERİN İZAHI

Ayette geçen "Hikmet" ten maksat efendimizin sünnetidir. El-Kasımi, Kavaidu't-Tahdisi'nde efendimizin şu sözünü aktarır; "Bana Kur'an ve onun kadar da hikmet verildi." Hikmet de sünnet manasına delalet eder.

İmam Suyuti, Miftahu'l-Cenne adlı eserinde İmam Şafii'nin (Allah kendisinden razı olsun) bu konuyla ilgili açıklamasını şöyle vermekte; "Hz. Peygamber'in vaaz ettiği sünnet, kendisine vahiy yoluyla ilka (öğretilmiştir) olunmuştur. Onun sünneti, Allah'tan kalbine vahyedilen, ruhuna ilka olunan sünnet demektir.

Nitekim başka bir ayette; *"Biz sana Kuran'ı indirdik ki beyan edesin"* ifadesi ne kadar muazzam. Bakınız ayette *iletesin* demiyor, *beyan edesin* buyuruluyor. Yani Kuran'ı açıklayasın. Tefsir edesin. Anlamakta zorlandıkları noktaları izah edesin. Buna da beyan denir. Bu da efendimizin sünnetidir.

İslam tarihi boyunca bir takım kişiler, Hz. Peygamber'in hadislerine karşı cephe alıp, Kur'an ayetleri bize yeter demişlerdir. Çok yaldızlı bir söz gibi görünen 'Bize Kur'an yeter' sözü hayırlı bir anlamda değil ne yazık ki şer yolunda kullanılmıştır. Bu sözü söyleyenlerin hedefi Peygamberimizdir. Peygamberi devreden çıkarmayı başarırlarsa Kuran'ı da nefislerine uyduracaklar. Onlar Kur'an'ı istedikleri gibi tahrif edip, ayetleri istedikleri gibi yorumlayabilmek için peygamberi devreden çıkarmaya mecbur kalmışlardır kendilerince.. Bu hiçbir zaman olmayacak. Kimse Kur'an ayetlerini asıl maksadı dışına çıkaramayacaktır. Bunu ümmete kabullendiremezler ancak kendileri gibi hak yolundan ayrılıp batıla yürümek isteyen guruba bunu kabullendirebilirler.

Bu Allah'ın ahdidir ki Kur'an'ı kerimi beşerin müdahalesinden koruyacaktır. Allah Kur'an ayetlerinin koruyucusudur. Her asırda bu zihniyet kendini göstermiştir ve kıyamete kadarda gösterecektir. Bu zihniyet açıkça sünneti reddetmiştir. Onlar: Kur'an ve sünnete muhalif olan görüşlerle İslam âleminde ortaya çıktıkları vakitlerde, her asırda onlara ilmi ve akli deliller getiren büyük âlimler onları susturmaya başarmış, Ehl-i sünnet ulemasının yüksek dehası, dirayeti ve her sahada ki hüccet ilmi karşısında onlar itibarsız kalmışlardır. Hadis sahasının otoritelerine karşı direnememişler, itibarları da hiçbir zaman olmamıştır. Ayetleri tahrif etme yoluna girip ayetlerin öncesi ve sonrasını görmemezlikten gelip ayetleri kesik kesik alıp nefislerine göre yorumlayıp kendilerince delil getirmeye çalıştıklarında da ehl-i sünnetin büyük tefsir ulemaları onları bir bir susturup gerekli reddiyeler ile her çağda onların maskelerini düşürmüşlerdir. İnşallah birazdan sizlere değerli üstadlardan Muhammed Ebu Zehv'in bu konuyla ilgili ilmi reddiyesini arz edeceğim.

Kur'an-ı Kerim'deki ayetlerin neden indiği, ne zaman indiği ile ilgili bir bilgiyi kuranda bulmanız mümkün değildir. Yüce Allah ayet indirir, sebep ve nüzulünü da Hz. Peygamber açıklar. Bu bilgilere de sünnet denir. Hadis denir.

Veya başka bir ifadeyle Kuran genel ölçüyü koyar, çizer. Usul ve teferruatı peygambere bırakır. Peygamber ayeti izah eder ve anlaşılmayan noktayı tefsir eder. İşte bunlar da hadis-i şeriflerde mevcuttur.

Örneğin 4 rekâtlı namazı göz önüne alalım. İftitah tekbiriyle namaza durulur. İlk rekâtta Hanefilerce sübhaneke, şafii ekolünce de veccehtü okunur. Daha sonra Fatiha-i Şerife, ardından da en az 3 ayet-i kerime okunması şartıyla kıyamda durulur. Bu böylece namazın bitimine kadar devam eder. Bu anlattıklarım kuranın hangi ayetinde mevcut? Hiçbir ayette bulamazsınız. Çünkü

Kur'an emri indirir, peygamber de beyan ve uygulama görevini verir. Namaz, oruç, zekât, vs. bütün hükümler ve uygulaması hadislerde mevcuttur. Bunları reddeden Kuran üzerine yorum yapamaz. Hataya düşer doğru tahliller yapamaz.

Bir grup insan, hadis okuyan birine derler ki; "bunu bırak, bize Allah'ın kitabından bahset." Bu sözü işiten Hz. Ömer[ra] müthiş celallenir ve nasipsize der ki; "Sen ahmak birisin. Allah'ın kitabında namaz ve oruç konusunu açıkça (yani namazın nasıl kılınacağı, kaç rekât olacağı, neler okunacağı, orucun nasıl tutulacağı veya nelerin bozup bozmayacağı) bulabiliyor musun? Kuran'ın bu konudaki hükümlerini sünnet (Resulullah'ın söz ve uygulamaları) açıklamaktadır. (Suyuti, Miftahu'l-Cenne)

Bu konuyla ilgili birçok delil arz edilebilir. Benim büyük babam Haydar (Rahimehullah) Hatipoğlu hoca efendi Medine'de Hz. Osman'ın ayakucunda medfundur. Kendisi Siirt, afyon, uşak ve İzmir il müftülüklerini yaptı. Dedem Haydar Hoca efendi fıkıh, hadis, tefsir ve lügat sahasında çok mahir bir âlim idi. Fıkıhta mukarren (karşılaştırmalı) bir âlim idi. Kütüb-i Sitte'de yer alan Sünen-i İbn Mace adlı hadis kitabını şerh etti. Hamd olsun Rabbim ona bu şerefi nail eyledi. İslam alimlerinin müracaat ettiği bir kitaptır.. Ve kendisi hadis ilminde çok özel bir yere sahipti. Hangi hadisin hangi kitapta yer aldığını sayfa numarasına kadar ezbere bilir, hadisin ravi ve senetlerini ezbere bilir ve hadisin senetlerinin ne derece sıhhatli olduğuna kadar müthiş bir hafızaya üstün bir ilme sahipti.. On binlerce hadis-i şerifi ezbere bilir, her hangi bir hadis hakkında selef (önceki) âlimlerin ve müteahhirin (sonra gelen) âlimlerin neler söylediğini, hadise nasıl mana verdiğini anında size tek tek kitaplara bakmadan konuyu izah ederdi. Öyle ki, onun hadis sahasında ki mahir ilmine şahit olan

Medinenin büyük alimlerinden Prof. Dr. Halil Molla Hatır şöyle söyleyecek: "Ben kendisinde (Haydar Hocada) eski hadisçilerin ışığını gördüm. Sonradan gelenler arasında (Haydar Hocayı kast ediyor) öyleleri vardır ki önce gelenleri ilmi sahada zorlarlar." Merhum üstadım Haydar Hoca Efendinin şerh ettiği Sünen-i İbn Mace'nin Mukaddime bölümünün "sünnete ittiba" babında Hz. Peygamber'in sünnetinin öneminden uzunca bahsediyor.. Dedem Haydar Hoca efendi bu hadisleri tek tek ele alıp şerh etmiştir. Bu konuyu daha detaylıca öğrenmek isteyen, Sünen-i İbn Mace şerhinden istifade edebilir.

(Allah-u Teâlâ bana, Hz. Peygambere nasıl sevdalı olunacağını öğreten dedem, üstadım Haydar hocamın makamını yüceltsin. Bizleri O ve O'nun gibi hadis sevdalılarının şefaatinden mahrum eylemesin. Âmin)

Konuyla ilgili (sünnetin delil oluşu), daha net anlaşılacağına inanarak, Mısır'lı âlimlerden Muhammed Ebu Zehv'in "Hadis ve Hadisçiler" kitabının 40 ve 45inci sahifesini sizlere arz ediyorum. Allah kendisinden razı olsun.

Hz. Peygamber'in Sünnetinin Dindeki Yeri

1. Sünnete uymanın zorunluluğu, Ona aykırı hareket etmekten kaçınılması

Nebevi sünnet, Allah tarafından Resulü Muhammed'e gönderilen bir vahiydir. Sünnet, dinin esas kaynaklarından ve sağlam dayanaklarından birisidir. Ona uymak vacip, aksine hareket etmek haramdır. Bu hususta Müslümanlar görüş birliğine varmış, şüpheye yer bırakmayacak şekilde birbirini destekleyen ayetler gelmiştir. Kim bunu inkâr ederse, kesin delillere karşı çıkmış, müminlerin yolundan ayrılmış olur. Bu konudaki ayetler şunlardır:

"Elçi size ne kadar verirse kabul edin ve size vermediği şeyden kaçının."

"Kim peygambere itaat ederse Allah'a etmiş olur."

"Sizin için Allah'ın elçisi güzel bir örnek teşkil eder."

"Ey peygamber de ki: Eğer Allah'ı seviyorsanız bana tabi olun ki Allah da sizi sevsin ve günahlarınızı affetsin."

"Allah ve elçisi bir konuda hüküm verdikten sonra artık inanmış bir erkek ve bir kadının kendileriyle ilgili konularda tercih serbestisi yoktur. (Bu hakkı kendinde görerek) Allah ve elçisine isyan eden kimse, apaçık bir sapkınlığa düşmüş olur."

"O'nun buyruğuna karşı gelmek isteyenler, başlarına (bu dünyada) bir belanın, (öte dünyada) bir güçlüğün yada (öte dünyada) can yakıcı bir azaba uğramaktan sakınsınlar."

"Ama hayır, Rabbine and olsun ki onlar, (ey peygamber), aralarında anlaşmazlığa düştükleri her konuda seni hakem yapmadıkça ve sonra da senin kararına kalplerinde hiçbir burukluk duymaksızın tam bir teslimiyetle tabi olmadıkça, (gerçekten) inanmış olmazlar."

2. Sünnetin delil ve dinin esaslarından birisi olduğunu inkar edenlere yanıt

Sünnetin delil olduğunu inkâr edenler iki gruptur. Bunlardan birisi, sünneti mütevatir olsun ahad olsun tümüyle reddederler. Onların iddiasına göre sünnete gereksinim yoktur. Kuran'ı anlamak için de sünnete lüzum yoktur. Çünkü sünnete başvurmadan Kuran'ı incelemek, insana Kuran'ın amaçladığı anlamları kavramak için yeterlidir. Ayrıca sünnete gereksinim yoktur.

Onların iddiası şu şüphelere dayanır:

a. "Sana adım adım her şeyi olduğu gibi açıklayan, bir doğru yol bilgisi, bir rahmet ve Allah'a yürekten boyun eğenlere müjde olarak bu ilahi kelamı indirdik" ayetini anlayış tarzları,

b. "Biz buyruğumuzda tek bir şeyi bile ihmal etmedik" ayetini anlayışlarından ileri gelen şüphe,

c. Hz. Peygamber'e nispet ettikleri şu hadis: "Benden size ulaşan bir sözü Allah'ın kitabı ile karşılaştırınız. Eğer Allah'ın kitabına uyuyorsa, onu ben söylemişimdir. Eğer uymuyorsa, onu ben söylemedim. Allah bana onunla hidayet ettiği halde, nasıl olur da ben Allah'ın kitabına aykırı söz söylerim."

İkinci grup ise yalnız ahad haberleri reddetmişlerdir. Bunların iddiasına göre de, hadisin ravisi yalan söylemekten korunmuş değildir, yanılması ve unutması mümkündür.

3. Sünneti bütün çeşitleriyle inkâr edenlere yanıt

Bunlar yukarıda geçen kanıtları ileri sürmüşler, bununla beraber başka kanıtlar da getirmişlerdir. Mesela Yüce Allah: "Ve biz sana da bu uyarıcı kitabı indirdik ki, insanlara, başından beri indirile gelen mesajın aslını olanca açıklığıyla ulaştırasın" buyurmuştur.

Yanıt: Eğer Kuranın sünnete ihtiyacı olmasaydı, bu ayet hiçbir anlam ifade etmezdi. Biz sünnete sarıldığımız ve içeriğiyle amel ettiğimiz zaman, mutlaka yine Allah'ın kitabıyla amel etmiş oluyoruz. Mutarrif b. Abdillah b. Eş-Şıhhır'e, "Bize sünnetten değil, yalnız Kuran'dan bahsedin!" denilince, şu cevabı vermiştir: "Allah'a yemin olsun ki, Kuran'ın yerine geçecek bir şey aramıyoruz. Ama biz, Kuran'ı bizden daha iyi bilen kimsenin sözlerinden bahsetmek istiyoruz." Abdullah b. Mesud da şöyle söylemiştir: "Allah, dövme yapan ve yaptıran kadınlara, yüz yolan ve yolduranlara, güzellik için diş törpülettirenlere, Allah'ın yaptığı şekli değiştirenlere lanet etmiştir." Bu söz Esedoğulları kabilesinden bir kadının kulağına gitti. Bunun üzerine o şöyle dedi: "Ey Abdirrahman, duyduğuma göre sen şöyle şöyle yapanlara lanet okumuşsun!" O zaman Abdullah şu yanıtı verdi: "Resulullah'ın(sav) lanet ettiklerine ben neden lanet etmeyecekmişim! Bu Allah'ın kitabında da vardır." Bunun üzerine kadın, "Yemin ederim Mushaf'ın iki kapağı arasındakileri okudum. Fakat bunu bulamadım!" dedi. Buna Abdullah'ın yanıtı şu oldu: "Gerçekten onu okuduysan, mutlaka bulmuşsundur. Sen, Allah'ın 'size Resul ne getirdiyse onu alın, sizi neden men ettiyse hemen vazgeçin' buyurduğunu okumadın mı?" Kadın "okudum" deyince, Abdullah: "İşte bunu da Allah'ın Resulü yasaklamıştır" dedi.

Rivayete göre Tavus, ikindiden sonra iki rekât namaz kılardı. İbn Abbas, bunu terk etmesini söyleyince, Tavus: "Bu iki rekâtın sadece sünnet sayılması yasaklandı" yanıtını verdi. Bunun üzerine İbn Abbas şöyle dedi: "Hz. Peygamber, ikindi namazından sonra herhangi bir namaz kılmayı kesin olarak yasakladı. Bu yüzden kıldığın bu iki rekâttan dolayı ceza mı görürsün, sevap mı kazanırsın bilemem. Çünkü Yüce Allah şöyle buyurmuştur: 'Allah ve elçisi bir konuda hüküm verdikten sonra artık inanmış bir erkek ve bir kadının kendileriyle ilgili konularda tercih serbestisi yoktur.'"

Bir başka rivayette ise İmran b. Husayn bir adama şöyle demiştir: "Sen ahmak birisin, Allah'ın kitabında öğle namazının dört rekât olduğuna ve sesli olarak kıraat yapılmayacağına dair ayet buluyor musun?" Sonra o adama, namaz, zekât ve benzeri şeyleri sıralayarak şöyle dedi: "Bütün bunları Kuran'da açıklanmış buluyor musun? Şüphesiz Allah'ın kitabı bunları müphem bıraktı da onları sünnet açıkladı."

Yukarıda ileri sürdükleri delillere gelince, bu konuda da yersiz kuşkulara kapılmışlardır. Bununla ilgili yanıtları ise şöyle sıralayabiliriz:

a. Yüce Allah'ın, "Sana adım adım her şeyi olduğu gibi açıklayan, bir doğru yol bilgisi, bir rahmet ve Allah'a yürekten boyun eğenlere müjde olarak bu ilahi kelamı indirdik" sözüyle, Kuran'ın ya kendisiyle yada sünnete havale ederek dini işleri açıklaması kastedilmiştir. Bu anlam kastedilmemiş olsaydı, bu ayet, Yüce Allah'ın, "Sana da insanlara, gönderileni açıklayasın diye Kuran'ı indirdik" ayetiyle çelişirdi.

b. Yüce Allah'ın, "Biz, buyruğumuzda tek bir şeyi bile ihmal etmedik" ayetinde anlatmak istediği buyruk (kitap), ayetin öncesinden de anlaşılacağı üzere Kur'an değil Levh-i Mahfuz'dur. Nitekim ayetin öncesinde Allah Teâla şöyle buyuruyor: "Hâlbuki yeryüzünde hiçbir hayvan ve iki kanadıyla uçan hiçbir kuş yoktur ki sizin gibi (Allah'ın) mahlûku olmasın." Yani sizin rızıklarınız, ecelleriniz ve amellerinizin yazıldığı gibi onların da rızıkları, ecelleri ve amelleri yazılmıştır. "Biz, buyruğumuzda tek bir şeyi bile ihmal etmedik; ve bir kez daha (belirtelim): onların tümü rableri huzurunda toplanacaktır" ayetinde anlatılmak istenen şudur; Biz Levh-i Mahfuz'da özellikle tespit edilmesi gereken şeylerden tespit etmediğimiz ve yazmadığımız hiçbir şey bırakmadık, ihmal etmedik; sonra bütün hayvan toplulukları ve kuş toplulukları Rablerinin huzuruna toplanacaklar ve birbirlerinden öçlerini ve haklarını alacaklardır. Bir anlayışa göre de ayetteki kitaptan maksat Kuran'dır. O zaman bunun yorumu şöyle olur: Biz Kuran'da dinle ilgili hiçbir şeyi eksik bırakmadık. Bu da dini işlerin ya ayet yoluyla açıklandığını ya da sünnete bırakıldığını gösterir.

c. Hz. Peygamber'e nispet ettikleri hadise gelince; hadis bilginleri bunun zındıklar ve hariciler tarafından uydurulmuş yalan bir haber olduğunu söylemişlerdir.

Hafız İbn Abdilber, "Cami'u beyani-l-ilim" adlı eserinde şöyle demektedir: "Yüce Allah kendi kitabına uymayı emrettiği gibi, peygamberine de kayıtsız şartsız boyun eğmeyi ve mutlak itaati emretmiş, dine şüphe sokmak isteyen bazı kimselerin dediği gibi, Allah'ın kitabı ile uygunluk gösterirse uyun dememiştir. Abdurrahman b. Mehdi demiş ki, bu hadisi zındıklarla hariciler uydurmuş ve şöyle rivayet etmişlerdir: "Benden size ulaşan bir sözü Allah'ın kitabı ile karşılaştırınız. Eğer Allah'ın kitabına uyuyorsa onu ben söylemişimdir. Eğer uymuyorsa onu ben söylemedim. Ancak ben Allah'ın beni hidayete eriştiren kitabına uygun söz söylerim." Sahih hadis ile zayıf olanı birbirinden ayırabilen hadis bilginlerine göre, bu sözler Hz. Peygamber'den sahih bir yolla gelmemiştir. Bilginlerden bir kısmı da bu hadise şu görüşle karşı çıkmışlardır: "Her şeyden önce biz bu hadisi Allah'ın kitabı ile karşılaştırıyor ve buna göre hüküm veriyoruz. Oysa onu Allah'ın kitabı ile karşılaştırdığımızda, ona aykırı olduğunu görüyoruz. Çünkü Allah'ın kitabında 'Resulullah'ın(sav) hadisi, ancak Allah'ın kitabına uygun düşerse kabul edilir' diye bir hüküm görmedik. Aksine biz Kuran'da, peygamberi kayıtsız şartsız örnek almak gerektiğini, ona itaatin emredildiğini, onun emrine karşı gelmenin yasaklandığını tespit ettik."

Keşfü'l-Hafa'nın yazarı, Sağani'nin: "Bu hadis uydurmadır" dediğini nakletmiştir.

Görülüyor ki, sünnete karşı çıkan ve Kuran'ı olduğundan farklı bir şekilde yorumlayan bu bid'atçıların elinde bir tek delil kalmıştır ki o da, kendi arzu ve heveslerine uymaktır. "Allah'tan bir doğru yol bilgisi olmaksızın, geçici aldatıcı doyumlar, bencil ve çıkarcı istekler peşinde kendine yol arayan kişiden daha sapık kim olabilir ki?" Hz. Peygamber de, Allah'ın kendisine gaybı bildirmesi neticesinde, bu fırkaları, onun tutacağı yolu ve Yüce Allah'ın vahyi eseri olan sünnete baş eğmeyeceklerini haber vererek şöyle buyurmuştur: "Yakında bir adam çıkıp koltuğuna yaslanarak benden hadis nakledecek ve diyecek ki: 'Bakın, ortada Allah'ın kitabı var. Biz onda neyi helal bulmuşsak helal, neyi haram bulmuşsak haram sayarız.' Şunu biliniz ki, Allah'ın Elçisi'nin haram kıldıkları da aynen Allah'ın haram kıldığı gibidir." İbn Abdilberr'in rivayetine göre de Hz. Ömer şöyle demiştir: "Bu ümmet namına ne kötülükten kaçınan müminden, ne de günahını saklayan fasıktan korkarım. Asıl korktuğum, Kuran'ı okuyup diliyle evirip çeviren, sonra da onu anlamına aykırı tarzda yorumlayan kişidir."

İLAHİ YARDIMA MANİ OLAN NEFSİNİZDİ

165. Ayet: *"(Bedir'de) düşmanınızın başına iki mislini getirdiğimiz bir musibet, (Uhud'da) sizin başınıza gelince 'bu nereden geldi' mi diyorsunuz? De ki; 'o kendi nefsinizdendir' şüphesiz Allah'ın her şeye gücü yeter."*

AYETLERİN İZAHI

"De ki; o kendi kusurunuzdandır (nefsinizdendir)" ayeti hakkında müfessir İbn Kesir der ki; "Yani Allah'ın Resulü'ne isyan etmeniz sebebiyledir. Okçulara yerinden ayrılmamasını emretmişti."

BİR İNCELİK

Ayette "Uhud'da musibet sizin başınıza gelince 'bu nereden geldi' mi diyorsunuz? De ki; 'o kendi nefsinizdendir'" buyurulmakta. Ayet şöyle hitap edebilirdi 'O Allah'tandır'. Elbette her şey Allah'tandır. Fakat yapılan hatadan dolayı yüce Allah 'Ben de size musibet verdim' demiyor. Üzgün olan sahabe-i kiramı üzmemek için. Sert bir ayet ile onlara hitap etmiyor. Onları sert bir sözle sarsmak istemiyor. Bu başınıza gelenler nefsinizden kaynakladı buyurarak gönüllere rahmet boşaltırcasına hitap ediyor.

MÜNAFIKLAR RAHMETTEN UZAKTIRLAR

166 ve 167. Ayet: *"İki birliğin karşılaştığı gün sizin başınıza gelen musibet, Allah'ın izniyle oldu. Bu Allah'ın müminleri ayırt etmesi ve münafıkları ortaya çıkarması içindi. O münafıklara 'gelin Allah yolunda çarpışın ya da savunma yapın' denildiği zaman onlar 'harp etmeyi bilseydik, elbette sizin peşinizden* *gelirdik' dediler. Onlar, o gün imandan çok inkâra yakındılar. Ağızlarıyla, kalplerinde olmayan şeyi söylüyorlardı. Allah, onların içlerinde gizlediklerini çok iyi bilmektedir."*

168. Ayet: *"(Evlerinde) oturup da kardeşleri hakkında 'bize uysalardı öldürülmezlerdi' diyenlere, 'eğer sözünüzde doğru iseniz, kendinizi ölümden kurtarın bakalım' de."*

AYETLERİN İZAHI

Bu 3 ayeti kitabın başlarında İslam ordusunun Uhud'a çıkarken meşhur münafık Abdullah b. Übey ve arkadaşları hakkında indiğini mütalaa etmiştik. Tekrar yazmaya lüzum görmedim.

MÜCAHİD OLAN ŞEHİTLERİN MAKAMI ÇOK BÜYÜKTÜR

169. Ayet: *"Allah yolunda öldürülenleri sakın ölü sanmayın. Bilakis onlar diridirler. Rab'leri katında rızıklanırlar."*

AYETLERİN İZAHI

Bu ayeti kerime sahabeden Hz. Abdullah b. Amr b. Haram hakkında inmiştir. Bu ayetin iniş sebebini daha önce "Allah [cc] babanla perdesiz konuştu" başlıklı bölümümüzde yazmıştık. Tekrar buraya yazmaya lüzum görmedim.

Şunu sadece ifade etmek istiyorum, ayet sahabe hakkında inmiş olsa bile umumidir. Genele hitap etmektedir. Allah yolunda cihat edip, şehit olan, samimi ve ihlaslı bütün gönüllere hitap etmektedir.

ŞEHİTLERE VERİLEN LÜTUF

170. Ayet: *"Onlar, Allah'ın lütuf ve kereminden kendilerine verdikleriyle sevinç içindedirler. Arkalarından gelecek ve henüz kendilerine katılmamış olanlara, kendilerine hiçbir korkunun bulunmadığını ve onların hiç üzülmeyeceklerini müjdelerler."*

171. Ayet: *"Onlar, ayrıca Allah'tan bir nimet ve ihsan, Allah'ın müminlerin ecrini zayi etmeyeceğini de müjdelerler."*

AYETLERİN İZAHI

Allah yolunda öldürülen şehitler Allah katında diridirler. Onların özel bir yeri ve makamı vardır. Kendilerine verilen nimetlerden dolayı çok sevinçlidirler. Bu nimetler şüphesiz bedenleriyle, dilleriyle, kalpleriyle yaptıkları amellerin karşılığıdır. Ve gene onlar şehitliğin karşılığını aldığını mümin olan herkese müjdelemek ister. Velev ki herkes ihlas ve samimiyetle şehitliği arzu etsin diye.

Daha sonra devam eden 172. ve sonraki ayeti kerimeler Hamraü'l Esed harbine iştirak edenleri anlatmaktadır. Şöyle ki; her iki ordu Uhud'dan ayrılıp kendi mekânlarına doğru dönüyordu. Müşrikler tekrar dönüp müminlerin kökünü kazımak istediler. Müşrikler sanıyordu ki, Uhud'da Müslümanlar yenildiler ve bir daha da toparlanamazlar. Böylece bir darbe daha vurup bu işe tamamen son vereceklerdi. Öyle düşünüyorlardı. Hz. Peygamber düşmana gözdağı vermek istiyordu. Hz. Peygamber sahabesini etrafına toparlayıp cihat emrini verdi. Uhud'dan yeni dönülmüş, Müslümanlar daha yaralarını bile saramamıştı. Bedenler yorgundu. Kulaklarında halen kılıç şakırtıları belki de devam ediyordu. Sahabe yorgundu. Hz. Abdurrahman b. Avf 20 yerinden, Hz. Talha b. Ubeydullah 24 yerinden, Hz. Ka'b b. Malik 19 yerinden, Hz. Üseyd b. Hudayr 19 yerinden... Yara alan sahabelerin, aldıkları yaraların sayısını tarih nakletmiştir. Bu böylece devam ediyor.

Sahabenin takati kesilmiş, doğrulup kılıç çekmeye mecalleri kalmamıştı. Ne var ki Hz. Peygamber "kim cihada geliyor?" diye sahabeye sorduğunda, vücuttaki akan kanlar umursanmaz oldu. Biçilen kollar, bacaklar umursanmaz oldu. Sanki cennete uçarcasına kıyama kalktılar. Bırakmıyorlardı Hz. Peygamber'i.

Ey Allah Resulü! Sen gitmeye kararlıysan biz de seninleyiz

Ey Allah Resulü! Sen aşılacak bir tepe var dersen, bu halimizle de aşarız.

Ey Allah Resulü! Sen emret okyanusları aşarız..

Vücutlarındaki yaralara rağmen Hamraü'l Esed'e yürüyüş sanki bu satırları anlatıyordu.

Hz. Useyd b. Hudayr[ra] yarasıyla meşgul olmayı bırakıp; "Ben Allah'ın Resulü' nün davetini işittim ve ona itaat ettim" dedi ve silahını alıp peygamber-i zişanın (şeref sahibi) yanına koştu.

Uhud'dan yara alıp dönen bütün sahabe bu orduya iştirak etmiştir. İşte 172. Ayet bu durumu anlatıyor:

HAMRAÜ'L ESED'E ALLAH İÇİN YÜRÜYENLER

172. Ayet: *"Yara aldıktan sonra Allah'ın ve peygamberin çağrısına uyanlar, (bilhassa) içlerinden iyilik yapanlar ve takva sahibi olanlar için büyük bir mükâfat vardır."*

173. Ayet: *"Bir kısım insanlar, müminlere 'düşmanlarınız size karşı toplandı, onlardan sakının' dediklerinde bu, onların imanlarını (kuvvetlendirdi, güçlendirdi) arttırdı ve 'Allah bize yeter, o ne güzel vekildir' dediler."*

174. Ayet: *"Onlar, kendilerine hiçbir fenalık dokunmadan Allah'ın nimet ve ihsanıyla geri döndüler. Böylece, Allah'ın rızasına uydular. Allah büyük ihsan sahibidir."*

175. Ayet: *"İşte o şeytan, ancak kendi dostlarını korkutur. Şu halde eğer müminseniz, onlardan korkmayın, sadece benden korkun."*

AYETLERİN İZAHI

Ebu Süfyan Müslümanlara zarar vermek için hareket ettiğinde Şair Ma'bed el-Huzai onunla karşılaşır ve onların azmini kırıp, yüreklerine korku salmak için der ki; "Bilesin ki, Muhammed(sav) benzerine şahit olmadığım büyük bir ordu ile seni takibe çıkmıştır." Bu konuşmalar yaşanırken Medine'ye ticaret için çıkan bir kervana yaklaşıp Ebu Süfyan der ki; "Muhammed'in bizimle karşılaşmasını engelleyin. Size bir deve yükü kuru üzüm vereyim."

Kervan Müslümanlarla karşılaşınca, Ebu Süfyan'ın sert bir orduyla geldiğini söyleyip korkutmaya çalışır. Bu sözlere Müslümanlar hiç metelik vermez, tenezzül bile etmezler. Şöyle derler; "Allah bize yeter, o ne güzel vekildir."

İslam ordusu hızlıca Hamraü'l Esed'e gelir. Orada karargâh kurarlar. Der ki Hz. Ali efendimiz(ra);

"Hz. Peygamber gündüz odun toplattı bizlere. Gece de 500 odun yaktırıp ayrı yerlere koydurdu. Muazzam bir görüntü ortaya çıktı. Ateşi gören büyük bir ordunun geldiğini düşünüyordu."

Gece bütün çevreyi kuşatan ateşi ve orduyu gören müşrikler hayrete düşer. Afakanlar yaşarlar. Yürekleri titrer. Birbirlerine şaşkınca bakıp derler ki; "Müslümanların kımıldayacak halleri kalmamıştı, bu nasıl iş böyle? Haydi, başımıza bir musibet gelmeden buradan gidelim."

175. ayette Yüce Allah Müslümanları korkutup, harbe gelmelerine engel olmaya çalışan sefihleri 'size haber getiren şeytan' diyerek kınıyor. Veya Onları şeytana benzetiyor. Belki de tavırları şeytancadır, demek istiyordu. Onların kalplerindeki nifağı ortaya koyuyor. Onlar ancak tevhide boyun bükmeyen korkakları korkutabilirler demek istiyor. Ve ayetin sonunda, 'size yaraşan benden korkmanızdır' diyerek kalpleri mutmain ediyor.

KÜFÜRDE YARIŞANLARIN DURUMUNA ÜZÜLME

176. Ayet: *"(Resulüm) küfürde yarışanların hali seni üzmesin; onlar, Allah'a hiçbir zarar veremezler. Allah onlara, ahirette bir nasip vermemek istiyor. Onlar için çok büyük bir azap vardır."*

177. Ayet: *"Hiç şüphesiz imanı bırakıp inkârı seçenler, Allah'a bir zarar veremezler. Onlar için elem verici bir azap vardır."*

178. Ayet: *"İnkâr edenler sanmasınlar ki kendilerine mühlet vermemiz onlar için daha hayırlıdır. Biz onlar ancak günahlarını arttırmaları için mühlet veriyoruz. Onlar için alçaltıcı bir azap vardır."*

AYETLERİN İZAHI

Bu olayların nihayeti Hz. Peygamber'i[(sav)] üzmüştü. Müşriklerin, münafıkların ve hatta Yahudilerin hakkı görmelerine rağmen İslam'a düşmanlıkları üzüyordu Hz. Peygamber'i. Bu kadar gaddarlık beklemiyordu. Hz. Peygamber'in kaygılanması, üzülmesi insanlara olan düşkünlüğünden kaynaklanıyordu. Onun doğasında merhamet vardı. Kâfirlerin inatla küfre devam etmeleri bir hayli Hz. Resulullah'ı mahzun etti. Bu yüzden Yüce Allah "küfürde yarışanlar seni üzmesin" buyurdu. Ve devamındaki ayette de, Allah'ın onlar hakkındaki hikmeti, takdiri ve meşieti onları ahirette nasipsiz bırakmak şeklinde tecelli ettiği belirtiliyor. Çünkü kalpleri kararmış, nefisleri ıslah olmak istemiyordu. Bunun da neticesinde varacakları yer cehennem olacak ki ayet şöyle bitiyor; "Onlar için büyük bir azap vardır."

Devam eden ayet-i kerimede "imanı bırakıp küfre sapanlar" sanmasınlar ki İslam'a galebe çalabilecekler. "Allah'a hiçbir zaman zarar veremezler" buyuruyor ve akıbetlerini tasvir mahiyette; "Onlar için elem verici bir azap vardır" diyerek varacakları yeri önceden haber veriyor. Umulur ki, sonradan gelenler önceden gelenlerden ibret alsınlar ki dalalete sapmasınlar. İmandan sonra küfür... Şeytanın hilesinden Allah'a sığınırız...

178. ayette Yüce Allah şunu anlatmak istiyor;

Kendilerine mühlet veriliyor, onlar da o mühleti şeytani hilelerde kullanıyorlar. Onların yaptıklarının farkındayız. Onların isyanda etmede, hakkı tanımamada ısrarcı oldukları için bizde onlar hakkında şer murad ettik. Onlar tevhide düşmanlıkta had safhadalar ve biz onlara daha da mühlet veriyoruz. Mühlet veriyoruz ki günahları daha da artsın hesap günü başlarını kaldıramasınlar. Günahları sırtlarına binsin. Onlara mühlet verirken onların her fiilini takip ediyoruz, kaydediyoruz. Günü gelince hesabı sorulacak. Şüphesiz ayette ifade edildiği gibi "Onlar için alçaltıcı bir azap vardır."

ALLAH MÜNAFIKLARI REZİL VE HÜSRAN EDER

179. Ayet: *"Allah, müminleri bulunduğunuz (karışık) durumda bırakacak değildir. Sonunda pis olanı temizden ayı-*

racaktır. Bununla beraber Allah, size gaybı bildirecek değildir. Fakat Allah, (bu iş için) resullerinden dilediğini seçer. O halde Allah'a ve peygamberlerine iman edin. Eğer iman eder ve (isyandan) sakınırsanız, sizin için büyük bir mükâfat vardır."

AYETLERİN İZAHI

Yüce Allah müminle münafığı muhakkak ayırt eder, ortaya çıkarır. Asla karışık halde bırakmaz. Uhud'da böyle yapmıştır ki, iman ehli ile nifak ehlini ortaya çıkarmıştır. Bu ayetin bir özelliği, mümin ve münafığı birbirinden ayıracağına dair Hz. Resulullah'a Yüce Allah'ın verdiği bir sözdür.

Büyük müfessir Hafız İbn Kesir der ki; Mutlaka Allah öyle bir imtihan tertip eder ki, bu imtihanın nihayetinde Allah'ın dostu ortaya çıkar, düşmanı da rezil olur. Sebat edip, tevekkül edip, sabreden müminle günahkâr münafık bu imtihan veçhiyle birbirinden ayrılır. Uhud'da olduğu gibi.

Allah size gaybı da bildirecek değildir. Bu ayet hakkında İmam Taberi şöyle der; Allah kulların kalplerinden sizi haberdar edecek değildir ki, siz mümini veya münafığı veya kâfiri tanıyasınız.

Fakat Allah, Uhud günü sıkıntı vererek ve cihadı emrederek müminle münafığı birbirinden ayırdığı gibi, bir takım imtihan ve musibetlerle de bu ayrımı mutlaka yapar.

Allah, peygamberlerinden dilediğini seçip gaybtan haberdar eder. Bunun en açık delili Peygamberimiz'e[sav] münafıkları bildirmiş olmasıdır. O halde, gaybı geleceği, olacak olanı, gerçekleşmemiş olan şeyin gerçekleşeceği zamanı Allah'ın bildiğine, gaybla ilgili meselelerin peygamberlere ancak vahiyle bildirildiğine sağlam bir şekilde iman edin. Eğer peygamberlerimi tasdik eder ve itaat edip rabbinizin azabından sakınırsanız sizin için büyük bir mükâfat vardır.

* * *

Ve'l hamdü lillahi rabbi'l alemin...

Al-i İmran suresinde yer alan Uhud harbi hakkında inmiş olan ayetlerin mütalaasını yapmış bulunmaktayız.

Uhud'la ilgili ayetlerin tefsirine başlayıp, nihayete ermesine müsaade edip, kudretini ve lütfunu esirgemeyen Yüce Allah'a hamd olsun...

AL-İ İMRAN SURESİ 137. AYETİ ÜZERİNE

Ayeti kerime sarsıcı mahiyette. Tehdit edercesine sanki Kur'an'a karşı direnenleri kınarcasına ve aynı zamanda yürekleri derinden okşayıp rahmet boşaltırcasına adeta halen ders almayacak mısınız dercesine şöyle buyuruyor *"Sizden önce neler geldi geçti, Yeryüzünü gezin de peygamberleri tekzib edenlerin akıbetini görün."* (Ali İmran Suresi, 137. ayet)

Bu ayet saadet asrında inmiş olsa da tüm çağlara hitap ediyor. Ayetin derinliğini, iç âlemini mürakebe ettiğimizde bize şunu fısıldıyor; Ey peygamberimin[sav] asrında yaşayanlar! Duyun ve işitin. Sizden önce ne ümmetler geldi geçti. Hani bir olan Allah'a isyan edenlerden geriye bir şey kaldı mı?

Sanki bu tehdit 21. asra da damgasını vuruyor; Ey özüne varan ve varamayan kullar! Aklınızı başınıza alın, bizim (mahşere hesap vermeye) huzurumuza tekrar gelmeyeceğinizi mi sandınız. Dünya hayatında ahiretten bir haber yaşadınız. Halen titreyip kendinize gelmeyecek misiniz? Sizden önce nice topluluklar geldi geçti, sizde mi sonrakilere ibret olmayı istiyorsunuz?

Al-i İmran suresi 137. ayeti daha iyi kavrayabilmek için emsileler (örnekler) arz edelim. Peygamberleri tekzib edip yalanlayan, çirkefleşen ve nihayetinde arşın kapılarının açılıp helaka muhatap olanların akıbetine bir göz atalım.

HELAK OLAN AD KAVMİ ÖRNEĞİ

Hakka suresi 4-6. Ayet: "İşte Semud ve Ad milletleri de o kafalara çarpan kıyamet dehşetini yalan saymışlardı. Bunlardan Semud o korkunç zelzele ile yok edildi. Ad ise azgın bir kasırga ile imha edildi."

Şimdi bu ayetin ışığıyla yola çıkıyoruz asırlar öncesine gidiyoruz. Kur'an-ı Kerim bizlere Ad kavminin nasıl helak olduğunu anlatacak ve bizde tanık olacağız.

AD KAVMİ ÜZERİNE BİRKAÇ SÖZ

Hz. Nuh'un kavminin helakı üzerinden asırlar geçmiş, insanların ekseriyeti tevhid inancından uzaklaşmış, putlara tapar hale gelmişlerdi. Elde ettikleri bolluk onları şımartmış, nefislerinin adeta kölesi haline gelmişlerdi. İnsanlık âlemi küfür içindeydi. Hayâ kalmamıştı. Belki de haya etmekten haya edecek hale gelmişlerdi. Küfür ve şirk toplumu bozmuştu. Güçlü olan güçsüz olana hayat hakkı tanımıyordu. O dönemlerde Yemen ülkesinde Ahkaf denilen bölgede Nuh aleyhisselamın oğlu Sam'ın torunlarından Ad'ın neslinden gelen bir kavim yaşıyordu. Bu kavme dedelerine nispet edilerek Ad kavmi deniliyordu. Bu kavmin bir diğer adı da İrem'dir. İrem diyarının göz kamaştıran güzelliklerinden bağ ve bahçelerinden dolayı sonrakiler 'İrem bağları' diyerek, dilden dile bu kavmin yaşadığı o güzel mekânı anlatmışlardır.

Birkaç satırla Ad kavminin kimler olduğunu, nerede yaşadıklarını öğrendiğimize göre artık Ad kavmini Yüce Kur'an ayetlerinden incelemeye başlayalım.

AD KAVMİNİN HELAKI

Kalabalık bir nüfusa sahip olan, malları davarları bol olan

muhteşem sarayları olan bağ ve bahçeleri her tarafı ihata edecek kadar nimet bahşedilmiş olan ad kavmi Yemen civarında yaşıyordu.

Fecr suresinde ifade edildiği gibi, bu kavimdeki insanların boyları uzun, cüsseleri çok iri ve güçlü kuvvetliydiler. Şuara suresinde de zikri geçen bu kavmin İrem bağlarının şöhreti her tarafa ulaşmış, etrafını bağlar ve bahçeler sarmış..

Dünya nimetlerine bu kadar sahip olan Ad kavmi nihayetinde yoldan çıktı, haddi aştı. Kur'an-ı Kerim onları şöyle anlatıyor: "Ad kavmi yeryüzünde haksız yere büyüklük taslamış bizden kuvvetli kim vardır? Demişti. Allah'ın kendilerinden daha kuvvetli olduğunu görmüyorlardı değil mi? Ayetlerimizi bile bile inkâr ediyorlardı." (Fussilet, 41/15). Ve Şuara suresinde bu insanların haddi aştıklarını haklı haksız demeden insanları dövdüklerini, öldürdüklerini ve köle gibi işkenceye maruz tuttuklarını anlatıyor.

Yüce Allah bu azgınlaşmış kavme Hz. Hud aleyhisselamı tebliğ ve irşad görevi ile şereflendirdiğini ve onlara nasıl hitapta bulunduğunu Şuara, A'raf ve Hud surelerinde şu veciz ayetlerle dile getiriyor: Kavmine Hud aleyhisselam şöyle seslenir; "Allah'a karşı gelmekten sakınmaz mısınız? Doğrusu ben size gönderilmiş güvenilir bir peygamberim, Allah'tan sakının ve bana itaat edin." (Şuara, 123-126). "Ey kavmim, Allah'a itaat edin. Sizin ondan başka ilahınız yoktur. (A'raf, 75). Sizin ona ortak koşmanız ancak bir yalan ve iftiradır. Hala Allah'tan korkmayacak mısınız?" (A'raf 65)

"Ey kavmim, buna karşılık sizden bir ücret istemiyorum. Benim ücretim ancak beni yaradana aittir. Akıl etmez misiniz?" (Hud, 51, Şuara 127) "Siz her yere koca bir bina yapıp boş şeylerle mi uğraşıyorsunuz? Temelli kalacağınızı umarak sağlam yapılar mı ediyorsunuz! Yakaladığınızı zorbaca mı yakalarsınız! Artık

Allah'tan sakının ve bana itaat edin. Bildiğiniz şeyleri size haber verenden sakınır, davarları, oğulları, bahçeleri ve akarsuları size o vermiştir. Doğrusu hakkınızda büyük günün azabından korkuyorum."(Şuara, 128)

Hz. Hud kavmini rahmete davet ediyordu. Dünyanın şatafat ve debdebesi karşısında mum gibi eriyip hakkı göremeyenlerin haline üzülürdü. Gönlü kırılıyor, kavmi adına mahzun oluyor, belkide şaşırıyordu kavminin dünyaya bu kadar sevdalı olmalarına. O büyük peygamberi dinlemiyorlardı. Kalpleri hidayete kapanmıştı, gözleri önündeki billurdan bir nur haline bürünen zatı göremiyorlardı. Kararmış olan kalpleri kendilerini, peygamberleri ile tartışacak hale sürüklüyordu.

İnkârcı ileri gelenler: "Biz senin beyinsiz olduğunu görüyor ve seni yalancılardan sayıyoruz" dediler. (A'raf 66) Hz Hud onlara yumuşak bir dille şöyle cevap verdi: "Ey kavmim ben beyinsiz değilim. Âlemlerin Rabbinin peygamberiyim. Size Rabbimin sözlerini bildiriyorum. Ben, sizin için güvenilir bir öğütücüyüm. Sizi uyarmak üzere aranızdan bir adam vasıtasıyla Rabbinizden bir haber gelmesine mi şaşırıyorsunuz? Allah'ın sizi Nuh'un kavmi yerine getirdiğini ve vücutça da onlardan üstün kıldığını hatırlayın. Başarıya erişebilmeniz için Allah'ın nimetlerini anın" (A'raf 67,69) Böyle nahif ve yumuşak bir lisan ile nasihat vermesine rağmen onlar şöyle mukabele ettiler; "İster öğüt ver, ister öğüt verenlerden olma bizce birdir. Bu durumumuz bizden öncekilerin âdetidir." (Şuara, 136-137). Bazı hadsizler daha da ileri gidip çok galiz(ağır) sözler sarf edecekler ve şöyle diyeceklerdi: "Tanrılarımızdan bazıları seni çarpmıştır, demekten başka bir şey demeyiz." (Hud, 54)

Buraya kadar olan tebliğ aşaması bizlere nasıl irşad etmemiz gerektiğini öğretiyor. Allah'a kulluğa davet ederken cahil olanlara nasıl yumuşak bir lafızla yaklaşmamız gerektiği öğretiliyor. Hz. Hud'un bir adım sonra helaki hak eden kavmi ile arasında geçen anekdotlara geçmeden büyük peygamber Hz. İbrahim'in engin yüreğine misafir olalım. Onun irşad ederken kullandığı ifadeleri bir bir inceleyelim.

KUR'ANIN ORTAYA KOYDUĞU BELAĞAT İNCELİĞİNDEN BİR ÖRNEK

Meryem suresi;

41. Ayet: *"Kitapta İbrahim'i de an. Gerçekten o, peygamber olan bir sıddık idi."*

42. Ayet: *"Babasına dedi ki; Babacığım! Duymayan görmeyen ve sana hiçbir fayda sağlamayan şeylere niçin tapıyorsun? "*

43. Ayet: *"Babacığım! Doğrusu sana gelmeyen bir ilim bana geldi. Öyle ise bana uy ki seni doğru yola ulaştırayım."*

44. Ayet: *"Babacığım! Şeytana kulluk etme! Çünkü şeytan Rahman olan Allah'a asi olmuştur."*

45. Ayet: *"Babacığım, ben sana Rahman'dan bir azabın dokunmasından ve senin şeytanla dost olmandan korkuyorum."*

AYETLERİN İNCELİKLERİ

Kitapta "İbrahim'i de an" hitabı Yüce Allah'ın sevgili peygamberimize karşı talimatıdır. Kitaptan kasıt Kur'an'dır. Yüce Allah'ın Hz. İbrahim'i anlatmasını murad etmesi, toplumun içine düştüğü şirk ve isyandan vazgeçmelerine vesile olması içindir.

Bahrü'l Medid tefsirinden bu ayet üzerine yazılan incelikleri şimdi mütalaa edelim;

1- "Gerçekten o, peygamber olan bir sıddık idi"
Sıddık: Tastik ve doğrulukta çok ileride olan demektir.

Her kim, Allah Teala'nın birliğini, peygamberinin, kitaplarını ve farzlarını tasdik eder ve bu hükümlere göre amel ederse o bir sıddıktır. Bu yüzden Hz. Peygamberin(sav) eşsiz ve benzersiz dostu Hz. Ebubekir efendimize hakka teslim olan, peygamberi tasdik eden 'sıddık' denmiştir.

Ayet Hz. İbrahim için hem sıddık hem peygamberdi buyuruyor. Çünkü her peygamber bir sıddıktır, fakat her sıddık bir peygamber değildir. Bunun için sıddıklığın peygamberlere has bir şey olduğunu zannedilmesin diye 'O sıddık olan bir peygamber' denmedi.

2- Babasına kendisine tabi olmaya davet ederken son derece, sarf ettiği sözleri ehemmiyetle seçiyordu. Hakir görmeden, azarlamadan yumuşak bir dille, "Babacığım! Doğrusu, sana gelmeyen bir ilim bana geldi." dedi. O, babasına cahil olduğunu söylemedi. Kendisinin de büyük bir ilme sahip olduğunu söylemedi ki kendisi ilmin zirve noktasıydı. Allah'ın vahyine muhatap olan bir elçiydi. Babasını incitmeden şefkatli bir arkadaş sıfatıyla, yumuşak bir eda ile adeta gönlünü okşayarak şöyle diyordu; "Öyle ise bana uy ki seni doğru yola ulaştırayım."

Hz. İbrahim babasına irşad ederken şu 5 inceliğe dikkat etti;

1- **Güzel Hitap**: Babasına "Babacığım" dedi. Ona ismi ile hitap edip "Ey Azer veya ey baba" demedi.

2- **Akla Hitap**: Babasına, "Hiçbir şey işitmeyen, duymayan ve sana fayda sağlamayan şeylere niçin tapıyorsun." dedi. Onu üzürek: "Siz şaşırmışsınız, insanların evleri ile helvadan yaptığı putlara tapıyorsunuz" demedi

3- **Gönle Hitap**: "Babacığım! Doğrusu sana gelmeyen bir ilim bana geldi." dedi. Ona "sen bir cahilsin" demedi.

4- Merhametle yaklaştı: "Sana bir azabın dokunmasından korkuyorum" dedi. Kesin ve sert bir dille 'sen azaptasın' demedi.

5- Yumuşak ifade kullandı: "Sana azabın dokunmasından korkuyorum" dedi. Azabın başına inmesinden bahsetmedi.

Çünkü Hz. İbrahim efendimiz iyi biliyordu ki 'Hal daveti en büyük davettir.' O, eşsiz olan yaratıcının kendisine ilham ettiği yüce ahlak üzerindeydi. Elbette kendisine verilen ahlakın gereği oydu ki; Rahmet kapısına rahmet yakışır bir dil ile davet gerekiyordu. Salat ve selam Hz. İbrahim efendimize olsun.

* * *

Evet. Hz. Hud tebliğin her aşamasını kavmine uygulamasına rağmen hidayete adım atmadıkları için şöyle hitap etti: "İşte ben Allah'ı şahit tutuyorum, siz de şahit olun ki, ben Allah'tan başka ona ortak koştuğunuz ortakların hiçbirini tanımıyorum, onlardan uzağım. Artık hepiniz toplanın bana istediğiniz tuzağı kurun sonra bir an bile müsaade etmeyin. Ben ancak, benim de sizin de Rabbiniz olan Allah'a güvenirim. Hiçbir canlı yoktur ki idare ve tasarrufunu O[cc] tutmasın. Rabbim elbette doğru yoldadır. Eğer yüz çevirirseniz haberiniz olsun ben size benimle indirileni bildirdim. Rabbim sizden başka bir milleti sizin yerinize getirebilir. O'na bir şey de yapamazsınız. Doğrusu rabbim her şeyi gözeten ve koruyandır." (Hud, 54-57)

Ve nihayetinde Ad kavmi kendilerini helak edecek o sözü söylediler. Hz. Hud'a şöyle dediler; "Bize bizi ilahlarımızdan alıkoymak için mi geldin? Doğru sözlülerden isen bizi tehdit ettiğin şeyi başımıza getir." (Ahkaf 22 - A'raf 70)

Onlar azap tokadını yiyeceğine inanamıyorlardı. Ama öyle bir tokat yiyeceklerdi ki acısını zerrelerinde hissedeceklerdi. Sünnetullahın (Yüce Allah'ın kanunu) odur ki: Bir peygamber kavminden ümidi kestiğinde o kavim tümden helak olur. Öyle ki, izleri dahi kalmaz. İşte Ad kavminin şımarıklığına Hz. Hud şöyle diyordu; "Hiç şüphesiz Rabbinizin azap ve gazabını hak ettiniz. Bekleyin, doğrusu ben de sizinle beraber bekleyenlerdenim." (A'raf, 71) Bir gün, gün ağardıktan hemen sonra ufukta siyah bir bulut göründü. Ad kavmi buna haylice sevinip; "Bu ufukta beliren bulut bize yağmur yağdıracak" dediler. Hz. Hud ise: "Hayır o acele beklediğiniz şeydir. Can yakıcı azap veren bir rüzgârdır. Rabbinin buyruğu ile her şeyi yok eder, mahveder. Bunun hemen ardından evlerinin harabelerinden başka bir şey görünmez oldu. İşte biz suç işleyen toplumu böyle cezalandırırız." (Ahkaf, 24-25)

Yüce Allah onları nasıl helak ettiğini Kur'an'da şöyle tasvir eder: "Biz onların üstüne uğursuzluğu devamlı bir günde dondurucu bir rüzgâr gönderdik. O rüzgâr insanları sökülmüş hurma kütükleri gibi yere seriyordu. Nasılmış benim azabım ve uyarılarım?" (Kamer, 19-21)

Büyük tefsir âlimi Hazin bu ayet hakkında şöyle der; "Rüzgâr o kavmi yukarı kaldırıp baş aşağı atıyor ve boyunlarını kırıp bırakıyordu. Sanki onlar, yerinden sökülmüş hurma kökleridir. Boyunlarının uzunluğu ve bedenlerinin iriliğinden dolayı hurma ağacına benzetildiler. Rüzgâr onları kaldırıp baş aşağı atıyor, boyunlarını kırıp başlarını bedenlerinden ayırıyordu. Bedenleri, yere yıkılmış hurma kökleri gibi başsız kalıyordu."

BİR İNCELİK

Kamer suresi 21. ayette geçen: "Nasılmış benim azabım ve uyarılarım?" ifadesine dikkatinizi çekmek isterim. Sanki şöyle buyuruyordu: "Nasılmış azabım" derken helak ettiği Ad kavmine Yüce Allah kudretini gösterip onlara sesleniyor. Hani siz güçlüydünüz. Hani vücutlarınızın iri ve kuvvetli oluşuna güveniyordunuz. Hani yeryüzünde güç göstermenize mani olabilecek hiçbir kudret yoktu? Siz o kadar acizsiniz ki rüzgârın esintisine bile güç yetiremediniz. O kadar acizsiniz ki, sizi bir rüzgârla bir fırtına ile yok ettim. İşte ben buyum. Ben Allah'ım.. Ve ayetin hikmeti devam ediyor. Devamındaki inceliğe dikkat çekelim. "Nasılmış benim uyarılarım" derken de Kur'an-ı Kerimi eline alan herkese hitap ederek: Siz de peygamberlerimi yalanlarsanız sonunuz böyle olur. Akıbetinizin onlardan farkı kalmaz. Sizi uyarıyorum.

Ve Kur'an haddi aşıp peygambere meydan okuyan zavallıların sarsıcı akıbetini anlatıp sonra tüm çağlara hitap ederek şöyle buyuruyor: "Şimdi onlardan geriye kalan bir şey görüyor musun?" (Ankebut, 29/38, Furkan 25/38, Tevbe 9/70)

HELAK OLAN LUT KAVMİ ÖRNEĞİ

HZ. LUT ALEYHİSSELAM ÜZERİNE BİRKAÇ SÖZ

Hz. Lut, Hz. İbrahim$^{(as)}$'in kardeşi Haranın oğludur. Hz. İbrahim'e ilk iman eden kişidir. Allah yolunda Hz. İbrahim'le hicret etme şerefine nail olmuş, ibadet ehli, cömert, sabırlı ve çiftçilik yapan, beyaz tenli güzel yüzlü çok nurlu mübarek bir zat idi. Hz. İbrahim ona Şam ile Medine arasında bulunan Sedom halkına gitmesini ve irşad yapmasını bildirdi. Simasından nur akan Hz. Lut bu kavme gidecek ve kendisine orada peygamberlik vazifesi verilecekti.

SEDOM HALKI ÜZERİNE BİRKAÇ SÖZ

Bu kavim ahlaksızlıkta haddi aşan milletler arasından çıkan en hayâsız en ahlaksız millet. Kendilerinden önce hiçbir milletin yapmadığı ahlaksızlığı yapıyorlardı. Onlar kadınları bırakıp erkeklere karşı şehvet duyuyorlardı. İnsan ile hayvanı ayırt eden en belirgin özelliklerden biri edeptir. Havyalarda edep olmaz. Vücutlarını sakınma ihtiyacı duymazlar. Hayvanlar sokaklarda yakınlaşır ve bunda kusur görmezler. Çünkü onlar bunu idrak edemez. İnsan en hayırlı varlıktır ki ona akıl verilmiştir. İnsan bu aklı ile doğru ve yanlışı ayırt eder. Allah'ın kanunlarına teslim olur. Ama şuan öyle bir kavimden bahsediyoruz ki hayvanlardan bile daha aşağı seviyedelerdi. İnsani özelliklerini kaybetmişler, sureten insan ama ruhen hayvanlardan da aşağı bir duruma düşmüşlerdi. Onlar kadınlarla ilgilenmiyor, kendi cinsleri olan erkeklerle hayâ perdelerini kaldırıp yakınlaşıyor, bunu bir övünç olarak görüp gururlanıyor ve ne yazık ki bu çirkin işi yapmayanları küçümseyip alay ediyorlardı.

Bu sefih ve eblehler, bu ayak takımı yol kenarında oturur, gelip geçenlere taş atarlar, taş kime değerse ona musallat olurlardı. Kavga ederler ve utanmadan masum insanların iffetini kirletirler bununla kalmayıp, birde yaptıklarına karşılık 'ücretimi ver' derlerdi. Hz. Lut'un imtihanı ağır olacaktı. Hz. Lut, insanlık vasıflarından uzak olan, şeytanın bile cüret edemeyeceği bu haysiyetsiz kavme tebliğ ve irşad yapmaya geliyordu. Peygamberlerin imtihanları ağır olurmuş. Nasıl ki Hz. İbrahim Nemrud'a sabretti ise, nasıl ki Hz. Musa firavuna sabrettiyse, nasıl ki kâinatın medar-ı iftiharı Hz. Peygamber[sav] Ebu Cehil'lere sabrettiyse Hz. Lut'da azgınlaşmış Sedom halkına sabredecekti. Sedom halkını tanıdığımıza göre Hz. Lut'un bu kavimle aralarında geçen diyaloğu yüce Kur'an'dan ayet ayet incelemeye başlayalım.

KUR'AN-I KERİM'DE HZ. LUT VE AZGINLAŞMIŞ KAVİM

Hz. Lut kavmine: "Siz gerçekten şehvetinizi (gidermek için) kadınları bırakıp erkeklere gidiyorsunuz. Doğrusu siz aşırı giden bir toplumsunuz." der. (A'raf 80,81) Böyle bir kavme gönderilen Hz. Lut ilim ve hikmet sahibiydi. Kur'an onu şöyle tasvir ediyor: "Lut'a da adaletle hükmetmek için bir hikmet ve peygamberliğe layık bir ilim verdik. Rahmete nail olanlardandı. Gerçekten o Salih kimselerdendi." (Enbiya 74-75) Kendisine peygamberlik gelince: "Allah'a karşı gelmekten sakınmaz mısınız? Doğrusu ben size gönderilmiş bir peygamberim. Artık Allah'tan korkun ve bana itaat edin. Buna karşılık sizden ücret istemiyorum. Benim ücretim âlemlerin Rabbine aittir." der. (Şuara, 161-164) Bu azgın kavmin tamamen kalbi körelmişti. Hz. Lut'dan ders almak bir yana onu yurtlarından çıkarmaya karar verdiler. Aralarında şöyle konuştular: "Onları kasabanızdan çıkarın, güya bunlar temiz kalmaya çalışan insanlarmış." (A'raf, 27). Hz. Lut'da şöyle dediler: "Ey Lut, sözlerinden vazgeçmezsen mutlaka kovulacaksın." (Şuara, 167) 29 sene bu kavmin her türlü ahlaksızlıklarına sabreden Hz. Lut onların bu tehdidine şöyle cevap verir: "Ben sizin yaptıklarınızdan nefret etmeye devam edeceğim." (Şuara 167-168). Hz. Lut tebliğin her aşamasını denemesine rağmen onlar aldırmıyorlardı. Sokaklarda utanmadan livata yapmaya devam ediyorlardı. Kavimlerinden ümidini kesen her peygamber gibi Hz. Lut'da ümidini artık kesmeye başlamıştı. Onlara Allah'ın çetin bir azabını geleceğini bildirip uyardığında (Kamer, 36), onlar cahil cesareti ile: "Eğer doğru söylüyorsan getir bize Allah'ın azabını" (Ankebut, 29) dediler. Artık söz söylenmiş, mürekkep kurumuştu. Hz. Lut onların başına gelecek elim bir azabın farkındaydı. Onlar hiç aldırış dahi etmeden eğlenmeye devam ediyorlardı.

Azabın vuku bulacağını anlayan Hz. Lut, bu azabın kendisine iman eden sadık mü'minlere dokunmasın diye Yüce Allah'a yalvardı: "Ey Rabbim 'Beni ve ailemi onların yapa geldikleri kötülüğün şerrinden kurtar" (Şuara, 169) ve şöyle dedi: "Ya Rabbi! Bu bozguncu kavme karşı bana yardım et." (Ankebut, 30)

MELEKLER HZ. İBRAHİM'İN YANINDALAR

Allah sadık kulu Hz. Lut'un duasını kabul etmişti. Böyle nezih bir peygamberi böyle azgın bir kavmin arasında artık bırakmayacaktı. Çünkü Hz. Lut'u hak etmiyorlardı. Peygamber görevini yerine getirmişti. Artık hüküm Allah'ındı. Ve Allah[cc] hükmünü bildirmek üzere vazifeli meleklerini Hz. İbrahim'e gönderir. Bu melekler insan suretinde İbrahim[as] geldiler. Ona yüce Allah'ın kendisine bir oğul bahşedeceğinin müjdesini verdiler. O sırada Hz. İbrahim 120, hanımı Sare validemiz 90 yaşında idi. Bunda hayret edilecek bir durum da yok. Yaşlarının çok ilerlemiş olması Yüce Allah'ın onlara bir evlat vermesine ağır gelmez. Allah'ın kudretinin sınırı yoktur. Yüce Allah her türlü yaratmaya muktedirdir. Buna en güzel misal de Hz. Zekeriyya ile Hz. Meryem'in örneğidir. Meseleyi daha iyi kavrayabilmemiz için muhterem babam Prof. Dr. Nihat Hatipoğlu'nun Kur'an-ı Kerim'in i'cazı üzerine yapmış olduğu 'Ayetlere farklı bir bakış' adlı kitabından özetle bir bölümü iktibas ediyorum.

KUR'A'NIN EŞSİZ EDEBİ ÜSLUBU ÜZERİNE BİRKAÇ SÖZ

Kur'an-ı Kerim'in kullandığı metotlardan biride olağanüstü veya şaşkınlık meydana getirebilecek büyük bir olay anlatılmadan önce buna giriş sadedinde benzer bir olayın anlatılmasıdır.

Bir mucize ve mantığın zor kabullenebileceği ağır bir olay anlatılmadan önce dikkatler anlatılacak olay kadar olmasa da bir alt kategoride aynı özelliği taşıyacak bir olaya çekilir.

Gerçeği mucizenin karakterinde: Aklın ölçülerini aciz bırakmak ve alışılmış olan tabiat olaylarını devreden çıkartmak tabiri yerindeyse "Olağan üstü kuralların" devreye girmesi olayı vardır. Ama her şeye rağmen aklın buna ermesine zemin hazırlamak gerekir. Buna bir örnek vermek gerekirse Meryem suresine baktığımızda Hz. İsa'nın babasız olarak mucizevi bir tarzda yaratılması olayı anlatılmadan önce Hz. Zekeriyya'nın olayı anlatılır.

Hz. Zekeriyya olayında Hz. İsa olayına geçiş sezilir. Hz. Zekeriyya "Rabbim gerçekten kemiklerim zayıfladı saçlarım ağardı." (Meryem, 4) diyerek artık çocuk sahibi olabilecek bir yaşta olmadığını, karısının kısır olması dolayısıyla biyolojik olarak böyle bir olayın gerçekleşemeyeceğini biliyordu. Ama davasını ileriye götürecek manevi miras içinde bir erkek çocuğu istiyordu. İstek: mucizenin, Rabbani müdahalenin devreye girmesi isteğiydi, isteği de oldu. Yani normal şartlarda olmayacak bir doğum gerçekleşti. Bundan sonra Hz. İsa kıssasına geçilir. Orada da bir doğum var. Hem de çok daha imkânsız bir durum. Bu sefer ortada bir babada yoktu. Ve Allah'ın emriyle Hz. Meryem hamile kalmıştı. Hz. İsa'nın olayı tabiî ki Hz. Zekeriyya'nın olayından daha zor, daha önemli ve muhteşemdi. Ama ilahi rahmet olaya birden girmedi. 'Temhid' yani hazırlanma dönemiyle bu olaya girdi ki, kalplerde meydana gelebilecek şüpheler Hz. Zekeriyya olayı ile izale edilsin. Ve Hz. İsa olayını kabullenecek hale gelsin. (Ayetlere farklı bir bakış, Hatipoğlu, 59-60). Evet. Bu vecizi açıklama sanıyorum ki yeterli olmuştur. Muhterem babamın ifadeleri aynı zamanda tenasüp ilmine göre ayetlerin birbirleri arasındaki münasebete işarettir. Siyak ve sibak dediğimiz sözün başı ile sonundaki ifadelerin bütünleşmesi yerini bulmasıdır bu hadise. Ve aynı zamanda Hz. Zekeriyya ile Hz. Meryem olayı tanzir diye ifade edebileceğimiz edebi bir üslup ile iki benzer şeyi birbiri ardınca getirerek izaha çalışmaktır ki, Kur'an edebi dehasını ve olayları anlatırken ki eşsiz i'cazı (hayrete düşüren söz) ve kullandığı kelimelerle kurduğu ahenk bizi bir kez daha hayrete düşürdü. O halde şöyle diyelim: Hz. Âdem'i babasız ve annesiz yaratmaya muktedir olan, Hz. Zekeriyya'yı ilerlemiş yaşına rağmen emri ile çocuk bahşetmeye muktedir olan ve insanlığı hayrete düşürecek o müthiş yaratma kudretiyle Hz. İsa'yı babasız dünyaya getirmeye muktedir olan, elbette O muktedir olan Allah, Hz. İbrahim'e de 120 yaşında çocuk vermekten aciz değildir.

***

Melekler Hz. İbrahim efendimize bir erkek evlat müjdeledikten sonra Lut kavmini helak etmeye gideceklerini bildirdiler. Hz. İbrahim bu habere çok üzüldü. Yeğeninin içinde ve ona tabi olan mü'minlerin de içinde olduğu bir kavme hazin bir sonun dokunmasını istemiyordu. İman nuru ile baştan ayağa parlayan, Süreyya yıldızları gibi göz alıcı bir güzellikle yaratılmış olan Hz. İbrahim belki biraz daha bu şımarık ve azgın kavme mühlet verilse imana geleceklerini ümit ediyor ve meleklerle bu hususta üzgün bir şekilde tartışıyordu. Kur'an-ı hâkim o anı şöyle anlatıyor: 'İbrahim'den korku gidip evlat müjdesi erişince Lut kavminin helakı hakkında meleklerimizle münakaşa etti. Çünkü İbrahim yumuşak huylu, çok acıyan ve daima Allah'a sığınan bir zattı. Melekler "Ey İbrahim, mücadelenden vazgeç" dediler. "Artık Rabbinin emri gelmiştir. Ve onlara, geri çevrilmez bir azap mutlaka gelecektir." (Hud, 74-76)

AYETİN ANLAMI

Ayette, Er-rev; Korku kelimesi geçmekte. "İbrahim'den korku gidip..." Burada korku tabiri kullanılmasının sebebi Hz. İbrahim efendimize gelen meleklerin heybetinden kaynaklanıyordu. Onların melek olduğunu anladığında nahif yüreğindeki korku yerini muhabbet ve dostluğa bırakmıştır.

"Meleklerimizle münakaşa etti." Ayet böyle buyuruyor. Hz. İbrahim'in münakaşası Allah'ın emrine karşı bir mücadele değildir. Meleklere olan İbrahim peygamberin hüznü şunu ifade eden cinstendi "Bu emir hemen vuku bulacak mıdır? Onlara zaman verilse belki hidayete gelecekler." Veya başka bir ifade ile Allah'ın hükmünü daha iyi anlamak için melekleri konuşturmak istiyordu.

Ayet aynı zamanda Hz. İbrahim'i şöyle tasvir ediyor: "İbrahim çok halim, çok içli, Allah'a yönelen biriydi." Yani kendine kötülük edene karşı da halimdi, yumuşaktı. O aynı zamanda çok içli, insanların nefislerine yenik düşüp günaha dalmalarından dolayı inleyip ağlayan ve Rabbine yönelen biriydi.

Büyük âlim Vertecübi (Ruzbihan-ı Bakli), "Gerçekten İbrahim çok halim ve çok içli biriydi." Ayetin tefsirinde demiştir ki: Hz. İbrahim çok halim biriydi: Çünkü o kavmine beddua etmezdi. Tam aksine şöyle demiştir; "Rabbim, onlardan kim bana tabi olursa o, bendendir. Kim bana isyan ederse şüphesiz sen çok bağışlayan ve çok merhamet edensin." (İbrahim, 14-36)

Hz. İbrahim Yüce Allah'a olan muhabbetinden dolayı kalbi yanar ve çok gözyaşı dökerdi. Âşıkların hali zaten böyledir. Bu yüzden Yüce Allah ona 'Halilullah', Allah'ın dostu vasfını vermiştir.

AZAP MELEKLERİ HZ. LUT'UN KAPISINDA

Hz. İbrahim'in⁽ᵃˢ⁾ yanından ayrılan melekler çok güzel delikanlı suretinde Hz. Lut⁽ᵃˢ⁾'a geldiler. Rivayetlere göre 3 kişi idiler. Parlak, alımlı, hoş simalı 3 delikanlı. Onları görünce Hz. Lut endişeye kapıldı. Kavmi bu delikanlıları görürse bir fenalık edebilirlerdi. Kısa bir zaman içinde bu delikanlıların Hz. Lut'a misafir oluşu her yerde duyuldu. Sürü gibi evin çevresi azgınlaşmış insanlarla doluydu. Daralıyordu büyük peygamber. Utanıyordu kavmi adına. Kavmi dışarıdan bağırıyordu: "Ey Lut! Onları bize teslim et." Hz. Lut Kur'an-ı Kerim'in ifadesiyle: "Elçilerimiz Lut'a geldiğinde, endişeye kapıldı, dermanı kesilip göğsü daraldı ve 'işte bu zor bir gündür' dedi." (Hud, 77) O çetin anı devam eden ayeti kerimeler şöyle ifade ediyor: "Lut'un kavmi (çirkin işi için) koşarak yanına geldiler. Daha önce de kötülük yapmaktaydılar. Lut, "Ey kavmim 'İşte kızlarım (onlarla evlenin); Sizin için onlar daha temizdir. Allah'tan korkun ve misafirlerimin önünde beni rezil etmeyin! İçinizde aklı başında bir adam yok mu?" dedi. Dediler ki: "Sen çok iyi bilmektesin ki bizim kızlarında bir hakkımız (onlardan istediğimiz bir şey) yok. Sen bizim ne istediğimizi çok iyi biliyorsun!

Hz. Lut, "Keşke benim size karşı (koyacak) bir gücüm olsaydı veya güçlü bir kaleye sığınabilseydim!" dedi. (hud, 78-80)

Hz. Lut'un çok mahzun olduğunu melekler görünce Allah'ın izniyle artık olaya müdahale edip, meseleyi açıkladılar. O anı Kur'an şöyle ifade ediyor: "Ey Lut! Biz Rabbinin elçileriyiz. Onlar sana el uzatamazlar. Gecenin bir vaktinde ailenle beraber yola çık. Hanımın hariç, sizden hiç kimse kalmasın. Onların başına gelen onun başına da gelecektir. Helakları sabah vaktidir. Sabah ise yakın değil mi?" (Hud,81). Emir verilmişti. Hz. Lut ve iman eden mü'minler gece karanlığında orayı terk ediyorlardı. Öyle ki kavmi bundan haberdar olmasın. Allah mü'minlerin dönüp de geriye bakmalarını bile istemiyordu. O çetin hal ancak azgınlara layıktı. Hz. Lut'un hanımı iman etmediği için o da helak oldu.

Azap vakti gelince Hz. Cebrail[(as)] o kavmin bulunduğu beldeyi yerle bir etti. Öyle ki, şehrin sınırları yeryüzünden sökülüp göğe kadar kaldırıldı, gök halkı bu azgınların inleyişlerini dahi duydular. Hz. Cebrail o beldeyi alt üst etti. Kur'an'ın ifadesiyle "O şehrin halkı üzerine ateşte pişirilmiş çamurdan oluşan sert taşlar yağdırdık. Her taşın kime isabet edeceği, Rabbinin katında belirlenmişti." (Hud, 82-83). Hz. Lut ve iman eden Müslümanlar hızlı adımlarla oradan uzaklaşırken helak olan kavmin inleyişlerini duyuyorlardı. Hz. Cebrail o beldeyi yerle bir ediyor, gökten yağmur inercesine sert taşlar düşürüyor, peygambere meydan okuyanlar Allah'ın azabının ne kadar çetin olduğuna şahit oluyorlardı. Kamer suresi 21. ayet bu ve bunun benzeri hadiselere bir cevap mahiyetindedir: "Nasılmış benim azabım?"... Sedom halkının bulunduğu yerde şimdi deniz seviyesinden 400 metre aşağıda bulunan Lut gölü bulunmaktadır. Bu gölün suyu hala asırlardır pis kokular etrafa yaymaktadır. Gölde balık ve benzeri hiçbir canlı yaşamamaktadır. Bu yüzden lut gölüne ölüdeniz de denir.

Kur'an onların hazin sonunu şöyle noktalar: "Peygamberleri onlara açık mucizeler getirmişti. Allah onlara zulmetmedi. Onlar kendi kendilerine zulmettiler." (Tevbe, 70)

Başlıca İstifade Edilen Eserler

- Kuran-ı Kerim
- İbn Kesir, *Tefsirü'l Kur'ani'l- Azim*
- İbn Kesir, *El-Bidaye ve'n Nihaye*
- İbni Acibe, *Bahrü'l Medid*
- Muhammed Sabuni, *Safvetü't Tefasir*
- İbni Kayyım El-Cevziyye, *Zadü'l Mead*
- İmam Kastalani, *Mevahibu'l-Ledünniyye*
- Muhammed Mutevelli Şa'ravi, *Kur'an Mucizeleri*
- Muhammed Mutevelli Şa'ravi, *Aşere-i Mübeşşere*
- Mahmud El Mısri, *Hayatü's Sahabe*
- Muhammed Ebu Zehv, *Hadis ve Hadisçiler*
- Prof. Dr. Nihat Hatipoğlu, *Ayetlere Farklı Bir Bakış*
- Prof. Dr. Nihat Hatipoğlu, *O'nu Nasıl Sevdiler?*
- Haydar Hatipoğlu, *Sünen-i İbn Mace Terceme ve Şerhi*
- En-Nevevî, *Sahih-i Müslim Bi Şerhi'n-Nevevî*
- İbn Hacer El Askalanî, *Fethu'l-Bari bi Şerhi Sahihi'l-Buharî*